CATALOGUE
DES LIVRES
DE FEU
M. LE COMTE D'AUTRY;

DONT LA VENTE SE FERA EN DÉTAIL, au plus Offrant & dernier Enchériſſeur , Mardi 7. Avril 1750. & jours ſuivans, depuis deux heures de relevée juſqu'au ſoir , rue Pavée , près le Quai des Auguſtins.

A PARIS,

Chez G. MARTIN, Libraire, rue Saint Jacques, à l'Étoile.

M. D. CC. L.

AVERTISSEMENT.

MOnsieur le Comte D'AUTRY dès sa plus tendre jeunesse avoit été passionné pour la Lecture & pour l'Etude. Il s'occupa surtout des Belles-Lettres & de l'Histoire; le choix des Livres qui composent son Cabinet, est la preuve de son goût.

Amateur de toute espece de Littérature, il se fit un grand nombre d'amis distingués dans le monde comme dans les Sciences, & mérita leur estime aussi bien que leur amitié. Une grande douceur de mœurs, des maniéres franches & généreuses, beaucoup de sagesse dans le commerce, & d'exactitude dans la société; enfin une constance rare dans ses sentimens pour ses amis, les lui attacherent inviolablement. Jamais il n'en perdit d'autres que ceux que la mort lui enleva. Il est décédé le 9. Août 1749. âgé d'environ 70. ans.

Le Catalogue que nous donnons, comprend plus de cinq mille volumes, dont la plus grande partie est de Livres choisis & bien conditionnés. La Littérature moderne y est fort ample, ainsi que la classe de l'His-

AVERTISSEMENT.

toire en général ; & en particulier le détail
de l'Hiſtoire de France , c'eſt-à-dire , les
Mémoires & les Traités ſinguliers.

La Vente s'en fera publiquement le
Mardi 7. Avril 1750. dans l'ordre des Liſ-
tes qui ſeront diſtribuées chaque ſemaine.

ORDRE

DES FACULTÉS ET DIVISIONS

DU PRÉSENT CATALOGUE.

THEOLOGIE.

JURISPRUDENCE.

SCIENCES ET ARTS.

CATALOGU

CATALOGUE
DES LIVRES
DE FEU
M. LE COMTE D'AUTRY.

THEOLOGIE.

I. *Ecriture Sainte, Interpretes, Critiques
Sacrés, & Liturgies.*

1 BIBLIA Lat. Vulg. Edit. cum figuris de   6.   "
   Bry. *Mogunt.* 1609. *in* 4. *mar.*

2 Biblia Latina Vulg. Edit. *Par. Vitré, Dezallier,*   8.   19.
   1702. *in* 4.

3 Biblia Lat. Vulg. Edit. *Par. Léonard,* 1702.   5.   "
   7. *v. in* 24.

4 Bible Franç. par le Maiſtre de Saci. *Mons* 1703.   29.   "
   8. *v. in* 16.

5 Bible & Pſeautier, en Anglois. *Lond.* 1628.
   in 24.   1.   10.

6 Le Pentateuque Lat. Fr. avec de courtes notes;
   par le Maiſtre de Saci. *Par.* 1696. 2. *v. in* 12

7 Pſalmorum Paraphraſis poëtica, per Bezam.
   Geneva 1579. *in* 12.   1.   8.

8 N. Teſtamentum Lat. Vulg. Edit. *Par. Rout-*
   land, 1695. *in* 12.

A

4.	8.	9 N. Testament Franç. *Mons* 1667. *in* 12. *à 2 col.* mar.
97.	2.	10 Comment. littéral sur la Bible, par Dom Calmet. *Par.* 1724. 9. *v. in fol.*
1.	10.	11 Pentateuchus historicus, sive comment. in Pentateuchum, in Josue, Judices, Ruth, & Regum duos priores libros; (Auctore Jac. Felibien.) *Par.* 1704. *in* 4.
1.	5.	12 Genebrardus in Psalmos. *Par.* 1588. *in fol.*
18.	5.	13 Natalis Adnotationes & Meditat. in Evangelia totius anni. *Antverp.* 1594. 2. *v. in fol. fig.*
12.	8.	14 Explication de plusieurs textes difficiles de l'Ecriture, (par Dom Jacq. Martin.) *Par.* 1730. 2. *v. in* 4. *fig.*
1.	19.	15 Introd. à l'Ecriture Sainte, trad. du Lat. de Bern. Lamy. *Lyon* 1711. *in* 12. *fig.*
20.	12.	16 Hist. critiq. du V. & du N. Test. par Richard Simon. *Rotterd.* 1685. *& suiv.* 6. *v. in* 4.
		17 Sentimens des Théolog. de Holl. sur l'Hist. critiq. du V. T. de Richard Simon; avec la Défense; (par le Clerc.) *Amst.* 1711. 2. *v. in* 8.
4.	1.	18 Vérité & Inspiration des Livres du V. & du N. Test. par Jaquelot. *Rotterd.* 1715. *in* 12.
2.	"	19 Martini de Roa Singularia locorum ac rerum Scripturæ. *Lugd.* 1667. 2. *v. in* 8.
2.	15.	20 Le Monde naissant, ou la Création du Monde démontrée par des principes conformes à l'Hist. de Moyse dans la Genese. *Utrecht* 1686. *in* 12. mar.
1.	1.	21 De l'Avenement d'Elie. 1734. *in* 12.
36.	"	22 La Republique des Hébreux, trad. de Cuneus & autres. *Amst.* 1705. 3. *v. in* 8. *fig.*
		22 * Antiquitez Judaïques, ou Remarques critiq. sur la Républiq. des Hébreux, par Basnage. *Amst.* 1713. 2. *v. in* 8. *fig.*
		23 Hist. de l'Anc. Testament, par Raguenet. *Par.*

THEOLOGIE. 5

1690. *in* 12.

24 Hist. du V. & du N. Testament, par de Royau-mont (Nic. Fontaine.) *Par.* 1723. *in fol. fig.* } 16. 10.

25 Hist. de l'Anc. & du N. Testament, par David Martin. *Amst. Mortier*, 1700. *prem. édit.* 2. *v. in fol. fig.*   48. "

26 Discours historiq. & critiq. sur la Bible, par Jacq. Saurin. *La Haye* 1728. *& suiv.* 6. *v. in fol. fig. Pap. Royal.*   150. "

27 Concordantiæ majores S. Scripturæ. *Argent.* 1529. *in fol.*   1. 10.

28 Concordantiæ Bibliorum. *Par. de la Nouë*, 1635. *in* 4.   4. 4.

29 Dictionnaire de la Bible, par Dom Calmet; avec le supplément. *Par.* 1722. *& * 1728. 4. *v. in fol. fig.*   101. "

30 Missale Romanum. *Colon. Agrip.* 1700. *in fol.* rouge & noir.   5. 19.

31 L'Office Paroissial, *Lat. Fr. Par.* 1728. 4. *v. in* 12.   4. 3.

32 Explication des Cérémonies de l'Eglise, par de Vert. *Par.* 1709. 4. *v. in* 8. *fig.*   10. "

II. *SS. Peres.*

33 Bibliothecæ Patrum Auctarium novissimum; Gr. Lat. per Fr. Combefis. *Par.* 1672. *in fol.*   1. "

34 Nicetæ Catena Græcor. Patrum in Job, Gr. Lat. per Patric. Junium. *Lond.* 1637. *in fol.* }

35 Philonis Judæi Opera, Latinè. *In* 8. *sans frontisp.* }   1. '

36 Lactantii Opera. *Lugd. Tornæsius*, 1548. *in* 16.   " 10.

37 L'Octavius de Minucius Felix, trad. par d'A-blancourt. *Par.* 1662. *in* 12.   " 10.

38 Lettres de S. Jérome, trad. avec des notes, par Roussel. *Par.* 1704. 2. *v. in* 8.   4. 10.

4.   „   39 La Cité de Dieu, de S. Auguſtin, trad. avec des remarq. par Lombert. *Par.* 1736. 4. *v.* *in* 12.

„   10.   40 Inſtructions recueillies des Sermons de S. Auguſtin ſur les Pſeaumes. *Par. Savreux*, 1662. *in* 12.

1.   „   41 S. Bernardi Sermones, & Vita S. Malachiæ; ex edit. Cl. Chantelou. *Par.* 1666. *in* 4.

III. *Théologiens Scholaſtiques, Moraux, Catechetiques, Sermonaires, & Myſtiques.*

„   10.   42 Théologie naturelle, par Yves de Paris. *Par.* 1633. *in* 4.

4.   „   43 Le Moliniſme, Sentiment Théologiq. le plus ancien, le plus ſûr, & le plus raiſonnable. *La Haye* 1732. *in* 8.

5.   „   44 Quatre Inſtructions Paſt. de M. de Fenelon, contre le Janſéniſme. *Par. & Valenc.* 1704. *&* 1705. 5. *v. in* 8.

1.   16.   44* Lettres du même Prélat, au P. Queſnel. 1711. *in* 8.

3.   „   45 Lettres de M. de Tillemont à l'Abbé de la Trappe; avec les réponſes de cet Abbé. *Nancy* 1705. *in* 12.

1.   10.   46 Lettres Théol. ſur le Mandement de M. de Biſſy, contre la Théologie de Juenin. *Holl.* 1712. *in* 12.

1.   16.   47 Eclairciſſemens ſur quelques Ouvrages de Théologie, (le N. Teſt. de Queſnel, & ſa Juſtification de M. Boſſuet ; par Jean Noël Gaillande.) *Par.* 1712 . . . . Obſervat. ſur le Livre précédent. 1713. *in* 12.

2.   „   48 Recueil de Piéces Théolog. dont la premiére eſt le deuxiéme Avertiſſement de M. Languet, Evêque de Soiſſons. *In* 4.

THEOLOGIE. 5

49 Recueil de piéces, commençant au Mém. de M. le Dauphin. *in* 4.	2	3
50 Diverses piéces sur l'affaire des Cérémonies Chinoises. 2. *v. in* 12.	1	11
51 Traité de la Comédie & des Spectacles, selon la Tradition de l'Eglise, (par M. Armand de Bourbon, Prince de Conty.) *Par.* 1669. *in* 12.	3	16
52 Des Restitutions des Grands, (par Cl. Joly.) 1665. *in* 12.		10
53 Sanchez de Matrimonio. *Antverp.* 1626. *in fol.*	19	19
54 De la fréquente Communion, par Ant. Arnauld : cinquiéme edit. *Par.* 1644. *in* 4.	3	
55 Tradition sur la Pénitence & la Communion, par le même. *Par.* (*Holl.*) 1700. *in* 8.	1	10
56 Catechisme du Concile de Trente, trad. *Par.* 1673. *in* 12.	2	
57 Instruction du Chrétien, par le C. de Richelieu. *Par. Impr. R.* 1642. *in fol. mar.*	1	10
58 Catechisme de Montpellier. *Par.* 1702. *in* 4.	17	
59 Sermons de Massillon, petit Carême. *Par.* 1745. *in* 12.	2	3
60 De Imitatione Christi. *Par. Léonard ;* 1702. *in* 24.		10
61 Imitation de J. C. trad. en vers par P. Corneille. *Par.* 1659. *in* 12. *fig.*	1	6
62 De la perfection du Chrétien, par le C. de Richelieu. *Par. Vitré,* 1646. *in* 12. 63 La Dévotion aisée, par le Moine. *Par.* 1652. *in* 8.	1	9
64 Rélation sur le Quiétisme, par M. Bossuet. *Par.* 1698. *in* 8. 65 Lettres sur la Relation du Quiétisme de M. Phelipeaux. 1733. *in* 12. *br.*		14
66 Avis salutaires d'un Philosophe Chrét. distribués pour chaq. jour du mois, & trad. du Lat. de Théophile Raurac. *Par.* 1740. *in* 12.	1	
67 Car. Servain sacra Mystarum Hebdomada, sive	1	4

Formula pro Sacerdotibus piè celebrandi, & pro Laïcis devotè communicandi. *Catalauni* 1670. *in* 24. *fig.*

1.   "   68 Exercicio Cristiano para la S. Miffa, con otras Devociones. *Amberes* 1705. *in* 18. *fig. chagrin.*

IV *Théologiens Polémiques, Orthodoxes & Hétérodoxes; & Théologie des Mahométans.*

2.   "   69 Vérité de la Religion Chrét. par Phil. de Mornay. *Anvers, Plantin,* 1581. *in* 4.

2.   1.   70 Grotius de Veritate Religionis Chrift. *Amft. Elzevir.* 1675. *in* 12.

4.   2.   71 Penfées fur la Religion, par Pafcal. *Amft.* 1684. *in* 12. *mar.*

1.   10.   72 Preuves & Préjugés pour la Religion Chrét. contre les fauffes Relig. & l'Athéifme, par Diroys. *Par.* 1683. *in* 4.

6.   "   73 Vérité de la Religion Chrét. & Divinité de J. C. par Abbadie. *Rotterd.* 1689. 3. *v. in* 12.

1.   10.   74 Vérité de la Religion Chrét. démontrée par ordre Géométriq. par Denyfe. *Par.* 1719. *in* 12.

1.   11.   75 L'Incrédule amené à la Religion par la Raifon, par Fr. Lamy. *Par.* 1710. *in* 12.

1.   10.   76 L'Incrédulité des Deiftes confondue, par Baftide. *Par.* 1712. 2. *v. in* 12.

1.   16.   77 De l'Incrédulité, par le Clerc : deuxiéme édit. *Amft.* 1714. *in* 8.

8.   9.   78 Le Chriftianifme raifonnable, tel qu'il nous eft repréfenté dans l'Ecriture S. trad. de l'Anglois de Locke : troifiéme édit. augmentée, avec la Religion des Dames. *Amft.* 1731. 2. *v. in* 8. G. P.

8.   4.   79 Défenfe de la Religion, tant naturelle que révélée, trad. de l'Anglois de Gilbert Burnet. *La Haye* 1738. 2. *v. in* 8.

THEOLOGIE. 7

80 La Religion Chrét. prouvée par les faits, par l'Abbé Houtteville. *Par.* 1722. *in* 4.

81 La même : nouv. édit. *Par.* 1740. 3. *v. in* 4. 15. 19.

82 Lettre de R. Ismaël Ben Abraham (Est. Fourmont), sur le Livre de la Religion prouvée par les faits. *Par.* 1722. *in* 12.

83 Dissertation sur le Messie, par Jaquelot. *La Haye* 1699. *in* 8.

84 La Vérité de la Résurrection de J. C. défendue contre Spinosa ; avec la Vie de ce Philosophe ; par Jean Colerus. *La Haye* 1706. *in* 8. 4. 4.

85 Abrégé des méthodes de traiter des Controverses de Religion, par Veron. *Par.* 1630. *in* 24.

86 Epitome de toutes les Controverses de Religion, par le même. *Par.* 1641. *in* 8. 1. 4.

87 Tombeau des Hérétiq. par George l'Apostre. *Rouen* 1609. *in* 12. 10.

88 Les Etcætera de Duplessis, parsemés de leurs Quiproquo. *Tolose* 1600. *in* 8. 1. 7.

89 L'Eau vive de la Fontaine d'Asbamée, pour convaincre de mensonge les Huguenots de Vitry-le-François ; par Pourreau. *Reims* 1609. *in* 8. 10.

90 Découverte des Fraudes Sedanoises, contre Cappel, par Gaultier. *Par.* 1618. *in* 8. 10.

91 Conférence du Diable avec Luther. *Par.* 1673. *in* 8. *fig.* 1. 10.

92 Jo. Fabri de Missa Evangelica, & de veritate Corp. Chr. in Eucharistia, ex Germ. Lat. per Surium : accedunt Vinc. Ciconiæ Sermones de Eucharistia. *Colon.* 1557. *in* 8.

93 Défense de la sainte Messe, contre le Livre de Duplessis-Mornay, sur l'Eucharistie ; par Richeome. *Bourd.* 1600. 2. *v. in* 8. 2. 1.

94 De Sainctes Examen Doctrinæ Calvin. de Cœna Domini ; & Responsio ad Apologiam Bezæ. 1.

Par. 1567. *in* 8.

18 . 10 .   95 La Perpétuité de la Foi touchant l'Eucharistie, défendue (par Ant. Arnauld & P. Nicole.) *Par.* 1669. & *suiv.* 3. *v. in* 4.

9 .   "   96 Réponse au livre de la Perpétuité défendue, par Jean Claude. *Quevilly* 1670. *in* 4.

1 . 7 .   97 Traité des saintes Images, par l'Abbé de Cordemoy. *Par.* 1715. *in* 12.

7 . 1 .   98 Traité sur les Miracles, par Serces. *Amsterd.* 1729. *in* 8.

7 .   "   99 Sherlok de la Mort , & du Jugement dern. trad. de l'Anglois, par Mazel. *Amst.* 1712. *in* 8.

1 .   "   100 Rosweydi Dissert. de fide Hæreticis servanda ; ubi Historia de Husso excutitur. *Antverp.* 1610. *in* 8.

4 . 2 .   101 Bouclier de la Foi , ou défense de la Confession de Foi des Eglises Réf. contre Arnoux, par P. du Moulin. *Sedan* 1621. *in* 8.

9 . 2 .   { 102 Accomplissement des Prophéties, par le même. *Sedan* 1624. *in* 8.

103 L'Accomplissement des Prophéties, par Jurieu. *Rotterd.* 1686. 2. *v. in* 12.

9 . 4 .   104 Hist. de la Papauté, par Ph. de Mornay. *Impr.* en 1612. *in* 8.

5 .   "   105 Hist. du Siége Romain , contre Ferrier ; par Jacq. Cappel. *Sedan* 1616. *in* 8.

6 . 8 .   106 Préjugez contre le Papisme, par Jurieu. *Amst.* 1685. 2. *v. in* 4.

9 . 2 .   107 Examen des Préjugés de Nicole , par Pajon. *La Haye* 1683. 2. *v. in* 12. *mar.*

" . 16 .   108 Le Prosélyte abusé, ou fausses vûes de Brueys dans l'examen de la séparation des Protestans. *Rotterd.* 1684. *in* 12.

1 . 15 .   109 Traité de la Foi divine, par J. la Placette. *Cologne* 1697. *in* 12.

4 .   "   110 Entretiens curieux. *Amst.* 1683. *in* 12.

THEOLOGIE.

111 Conférences fur là Religion. *Col.* 1683. *in* 12. 9. 19.

112 Triomphe du Chrétien, ou le devoir de prier " 12.
pour fes ennemis, Sermon d'Henry Sacheverel,
trad. de l'Anglois. *Amft.* 1713. *in* 8.

113 Hadr. Beverlandi de Virginitatis Stolatæ jure, 13. 10.
de Peccato originali, & de Fornicatione caven-
da, Lucubrationes. *Lugd. B.* 1680. *& fuiv.* 3.
tom. en 1. *v. in* 8.

114 Hift. de l'état de l'homme dans le Péché ori- 4. 7.
ginel. *Holl.* 1731. *in* 12.

115 L'Alcoran de Mahomet, trad. par André du 1. 11.
Ryer. *Par.* 1647. *in* 4.

116 Le même. *Holl.* 1649. *in* 12. *mar.* - - 3. 16.

117 La Religion des Mahométans, tirée du Latin 4. "
de Reland. *La Haye* 1721. *in* 8. *fig.*

JURISPRUDENCE.

I. *Droit Canonique univerſel & particulier.*

8. „ 118 LEs Droits des Souverains défendus con-tre les Excommunications & les Inter-dits des Papes, trad. de l'Ital. de Paolo Sarpi; avec le texte Ital. *La Haye* 1721. 2. *v. in* 12.

„ 10. 119 De la Dignité de Cardinal , par Aubery. *Par.* 1673. *in* 12.

5. „ 120 Etat des Egliſes Cathédrales & Collégiales, par de Bordenave. *Par.* 1643. *in fol. G. P.*

„ 10. 121 Chamillard de corona , tonſura & habitu Cle-ricorum. *Par.* 1659. *in* 8.

1. 2. 122 Traité des Bénéfices , trad. de l'Ital. de Paolo Sarpi, avec des notes , par Amelot de la Houſ-faie. *Amſt.* 1685. *in* 12.

1. 15. D.

1. „ 123 Hiſt. des biens temporels de l'Egliſe , par Mar-ſollier. *Lyon* 1694. *in* 12.

1. „ 124 Traité des Annates. *Amſt.* 1718. *in* 12.

„ 10. 125 Concordata inter Leonem X. & Franciſcum I. cum interp. Rebuffi. *Par.* 1536. *in* 4.

24. „ 126 Comment. de Pierre du Puy , ſur les Liber-tés de l'Egliſe Gallic. nouv. édit. augmentée de notes & d'une Préface , par l'Abbé Lenglet. *Par.* 1715. 2. *v. in* 4. *G. P.*

2. „ 127 De l'Autorité des Rois touchant l'adminiſtr. de l'Egliſe , par M. Talon , (ou plûtôt, par Roland le Vayer de Boutigny.) *Amſt.* 1700. *in* 12.

4. 10. 128 Recueil de diverſes piéces , ſçavoir , piéces concern. la Réform. de l'Ordre de Cîteaux;

Procès verbal du Clergé de 1681. sur la Regale ;
Assemblée du Clergé de 1682. sur l'affaire de
Touloufe & Pamiers , sur celle de Charonne, &
sur la Religion ; & autres piéces du Clergé, &
sur des matiéres ecclésiast. *in* 4.

129 Recueil des Bénéfices Royaux, par D. Beau-
nier. *Par.* 1726. 2. *v. in* 4. *avec les Cartes en-
lum.*   8 .   "

130 Etat préfent de la France Eccléfiastiq. con-
tenant le Catal. des Evêques , Abbés & Prieurs
nommés par le Roy , par M. Antoine. *Par.*
1736. *in* 12. *br.*   "   12 .

131 Table génér. des Archevêchés , Evêchés,
Abbayes & Prieurés de nomination Royale:
troifiéme édit. augm. *Par.* 1743. *in* 8.   1 .   9 .

132 Pouillié des Bénéfices du Dioc. de Rheims.
Par. 1648. *in* 4.   1 .   10 .

133 Diſſert. sur les Penfions , felon les Libertés
Gallic. *Par.* 1671. *in* 12.   1 .   "

134 Recueil du Procès du Marq. de Gêvres. *Rott.*
1713. 2. *tom. en* 1. *v. in* 12.   2 .   12 .

135 Autorité du Roy touchant l'âge pour la Pro-
feſſion Religieufe. *Par.* 1669. *in* 12.   "   16 .

136 Réflexion sur l'Edit pour la réformation des
Monaſtères. 1667. *in* 12.   "   10 .

137 L'Abbé Commendataire, par Defbois-Franc,
(Fr. Delfau.) *Col.* 1673 ... Réponfe à l'Abbé
Commend. *Ibid. in* 12.   1 .   11 .

138 Défenfe des Abbés Commendataires. *La*
Haye 1685. *in* 12.

139 La Délégation des Religieux, on examen du
pouvoir qu'ont les Religieux privilégiés d'en-
tendre les Confeſſions des Séculiers ; par F.D.P.
Par. 1648. *in* 8.   2 .   19 .

140 L'Apocalypfe de Meliton , ou révélation des
Myſtères Cénobitiques , (par P. Camus Ev. de
Belley.) *Saint-Leger (Holl.)* 1668. *in* 12.
avec la fio.   B ij

2 . 10 . 141 Toilette de l'Archev. de Sens , ou Réponse au Factum des Religieufes de Provins contre les Cordeliers. 1669. *in* 12.

1 . 10 . 142 Clari Bonarfcii (Car. Scribanii) Amphitheatrum Honoris, in quo Calviniftarum in Societ. Jefu criminationes jugulantur. *Palæopoli Aduati. (Antverp.)* 1606. *in* 4.

3 . „ 143 Traité pour la défenfe de l'Univerfité de Paris, contre les Jéfuites. *Par.* 1643. & 1644. 2. *v. in* 8.

144 Manifefte apolog. pour la Doctrine des Jéfuites, par P. le Moyne. *Rouen* 1644. *in* 8.

II. *Droit Naturel, des Gens, & Public.*

12 . „ 145 Le Droit de la Nature & des Gens, trad. du Lat. du Baron de Pufendorf, avec des notes, par Barbeyrac. *Amft.* 1712. 2. *v. in* 4.

10 . 3 . 146 De l'efprit des Loix, (par M. de Montefquieu.) *Geneve* 1749. 2. *v.* 4.

2 . 1 . 147 Us & Coutumes de la Mer. *Bourd.* 1647. *in* 4.

2 . 10 . 148 Le Droit de la Guerre & de la Paix, trad. du Lat. de Grotius, par de Courtin. *Par.* 1687. 2. *v. in* 4.

14 . „ 149 Le même, trad. avec des notes par Barbeyrac. *Amft.* 1729. 2. *v. in* 4.

3 . 10 . 150 Recueil des Traités entre la France & les

3 . 10. D . Princes Etrangers, depuis 1526. jufq. 1667. *Holl.* 2. *v. in* 12.

30 . „ 151 Hift. des Traités de Paix, depuis la Paix de Vervins jufqu'à celle de Nimegue, (par de Saint Preft.) *Amft.* 1725. 2. *v. in fol.*

5 . 10 . 152 Recueil de Traités depuis la Paix de Munfter jufqu'en 1709. par du Mont. *Amft.* 1710. 2. *v. in* 12.

7 . 5 . 153 Actes & Mém. des Négotiations de la Paix de

Nimegue. *Amst.* 1680. 4. *v. in* 12.

154 Actes & Mém. des Négociat. de la Paix de Ryſwick. *La Haye* 1699. 4. *v. in* 12.   7. 10.

155 Le Droit public de l'Europe, fondé ſur les Traités conclus juſqu'en 1740. (par M. Bonnot de Mably.) *La Haye* 1746. 2. *v. in* 12.   6. 10.

156 Recueil hiſtorique d'Actes, Négotiat. Mém. & Traités, depuis la Paix d'Utrecht, par Rouſſet. *La Haye* 1728. & *ſuiv.* 18. *v. in* 8.   60. "

III. *Droit Civil, Romain, François, & Etranger.*

157 Paraphraſe des Inſtit. de Juſtinien, par Pelliſſon. *Par.* 1664. *in* 12.   " 12.

158 Perezius in Inſtitut. Juſtiniani. *Par.* 1689. *in* 12.

159 Petrus Gregorius de Republica. *Lugd.* 1609. *in fol.*   " 10.

160 Prérogatives de la Robe, par Bertrand Sr. de Freauville. *Par.* 1701. *in* 12.   " 10.

161 Pfennigk de Rei Numariæ mutatione & augmento. *Lipſiæ* 1692. *in* 8.   1. "

162 Traité des Monnoyes, par Henry Poullain. *Par.* 1709. *in* 12.   2. "

163 Traité des Monnoyes, par J. Boizard. *Par.* 1692. *in* 12. *fig. G. P.*   12. "

164 Eſſai ſur les Monnoyes, ou Réflex. ſur le rapport entre l'Argent & les Denrées, (par M. du Pré de Saint-Maur.) *Par.* 1746. *in* 4.   11. "

165 Conférence de l'Ordonnance des Eaux & Foreſts. *Par.* 1725. 2. *v. in* 4.   20. 1.

166 Inſtitutes Coutumiéres, par Loiſel. *Par.* 1665. *in* 8.   " 10.

167 Recueil des Priviléges de la Ville de Lyon. *Lyon* 1649. *in* 4.   " 19.

168 Procès en Réglement de Juriſdiction entre   1. "

SCIENCES ET ARTS.

I. *Philosophes Anciens & Modernes.*

187 OEuvres de Platon, trad. par Dacier. *Par.* 1701. 2. *v. in* 12.   6 . 4 .

188 Le premier Alcibiade de Platon, trad. par le Févre. *Saumur* 1666. *in* 12.

189 Traités de Maxime de Tyr, Philosophe Platonicien, trad. par Guillebert. *Rouen* 1617. *in* 4.   1 . 4 .

190 Senecæ Philosophi Opera, cum comment. Lipsii. *Antverp.* 1652. *in fol. G. P.*   4 . ″

191 Senecæ utriusque Opera, cum notis Gronovii. *Amst. Elzevir,* 1659. 4. *v. in* 12. *mar.*   15 . ″

192 Amandi Hermann Cursus Philosophiæ universæ, ad mentem trium Doctorum Augustini, Bernardi, & Scoti *Sultzbaci* 1676. *in fol.*   1 . 4 .

193 Oeuvres de Descartes. *Par.* 1723. *& suiv.* 13. *v. in* 12.   96 . ″

194 Les Passions de l'Ame, par Descartes. *Rouen* 1661. *in* 8.

195 Philosophie de Regis. *Lyon* 1691. 7. *v. in* 12.   9 . ″

196 Duhan Philosophus in utramque partem. *Par.* 1694. *in* 12.

II. *Logique, Morale, Oeconomie, & Politique.*   2 . 5 .

197 Logique, ou l'Art de penser, (par Nicole.) *Par. Savreux,* 1664. *in* 12.

198 Epicteti Enchiridion, & Cebetis Tabula, Gr. Lat. cum Varior. notis. *Amst.* 1670. *in* 8.   2 . 12 .

199 De la Sagesse, par Charron. *Bourd.* 1601. *in* 8. *mar.*   1 . 10 .

" 12. 200 Oeuvres morales & politiq. de Bacon, trad. par Baudoin. *Par.* 1626. *in* 8.

1. 19. 201 Philofophie morale, & Curiofité naturelle; par du Pleix. *Rouen* 1640. 2. *tom. en* 1. *v. in* 8.

" 12. 202 L'Homme univerfel, trad. de l'Efpagnol de Balt. Gracien, par de Courbeville. *Par.* 1723. *in* 8.

1. 5. 203 Les Délices de l'Efprit, (par Defmarefts.) 1689. *in* 12.

5. 1. 204 Caracteres de Théophrafte, trad. du Grec; avec les Mœurs de ce fiécle; par de la Bruyere; avec la Clef. *Par.* (*Holl.*) 1700. 3. *tom. en* 2. *v. in* 12.

8. 1. 205 Les mêmes : nouvelle édit. augm. par Cofte. *Amft.* 1731. 2. *v. in* 12.

1. 19. 206 Le Théophrafte moderne, ou nouveaux Caracteres fur les Mœurs; (par Brillon.) *La Haye* 1700. *in* 12.

2. 8. 207 L'Art de connoître les Hommes, par de la Chambre. *Amft.* 1660. *in* 12.

208 Caracteres des Paffions, par le même. *Amft.* 1658. *in* 12.

6. 9. 209 Effai fur l'Homme, traduit de l'Anglois de Pope, par M. D. S. (M. de Silhouette.) 1736... Réflex. fur les Paffions & fur les Goûts. *Par.* 1738.... Obfervat. fur les Critiques modernes... Le Préfervatif, ou Critiq. des Obferv. fur les Ecrits modernes. *La Haye* 1738.... Lettre à M. de Voltaire, fur la Mode des Inftrumens de Mufique. *Par.* 1739... Parallele du Cœur, de l'Efprit, & du Bon-Sens, (par M. Pecquet.) *Par.* 1740. *in* 8.

9. 10. 210 Caracteres & Portraits critiq. fur les mœurs & les défauts ordinaires des Hommes. *Par.* 1695. *in* 12.

1. " 211 Confidérat. fur le génie & les mœurs de ce fiécle. *Par.* 1749. *in* 8.

212 Réflexions & Maximes morales, (par le D. de la Rochefoucauld.) *Par.* 1665. *in* 12.   1 . 17 .

213 Maximes (de Mad. de la Sabliere.) *Par.* 1678. *in* 12.   1 . 10 .

214 Maximes & Réflex. morales, trad. de l'Anglois ; avec une traduction en vers du Poëme de Pope sur l'Homme. *Lond.* 1739…. Traduction du même Pope sur la Critique, en vers, par l'Abbé du Resnel. *Par.* 1730. *in* 8.   3 . "

215 De l'usage des Passions, par Senault. *Par.* 1641. *in* 4.   1 . 4 .

216 Le même Livre. *Leide, Elsevir,* 1658. *in* 12. *mar.*   4 . 10 .

217 Peintures morales, où les Passions sont représentées, par le Moine. *Par.* 1669. 4. *v. in* 12.   2 . "

218 Dialogues des Dieux, ou Réflex. sur les Passions, (par M. Remond de Saint-Mard.) *Amst.* 1711. *in* 12.   2 . "

219 Asolani del Bembo. *Venet.* 1586. *in* 12.   " 19 .

220 Contramours, de Bapt. Fulgose ; le Dialogue de Platine, contre les folles Amours ; & Paradoxe contre l'Amour. *Par.* 1581. *in* 4.   4 . 12 .

221 August. Niphi Veneres & Cupidines venales, id est, de Pulchro & de Amore : accedit Platina de remedio Amoris. *Lugd. B.* 1646. *in* 12.   4 . 5 .

222 Recueil de divers Ecrits sur l'Amour & l'Amitié, la Politesse, la Volupté, les Sentimens agréables, l'Esprit & le Cœur ; (par M. de Saint-Hyacinthe, Me de Lambert, Me de Rochechouart, & autres.) *Par.* 1736. *in* 12.   4 . 5 .

223 Traité de la Jalousie, ou moyens d'entretenir la paix dans le Mariage, (par Courtin.) *Par.* 1685. *in* 12. *mar.*   4 . 6 .

224 Considérat. sur les avantages de la Vieillesse, par le Baron de Prelle. *Par.* 1677. *in* 12.   1 . 10 .

225 Principes de la Philosophie morale, ou Essai   3 . 14 .

sur le Mérite & la Vertu. *Amst.* 1745. *in* 8.

" 10. 226 De la Vertu des Payens, par de la Mothe-le-Vayer. *Par.* 1642. *in* 4.

2. 10. { 227 Le Chemin de la Gloire, discours moral & allégoriq. par de Priezac. *Par.* 1660. *in* 8.
228 Dialogues entre Patru & d'Ablancourt, sur les Plaisirs. *Amst.* 1714. 2. *tom. en* 1. *v. in* 12.

2. 19. 229 Traité du Jeu, par Barbeyrac. *Amst.* 1709. 2. *tom. en* 1. *v. in* 8.

. 2. 230 Cinq Lettres sur les Jeux de hazard; avec une autre sur l'usage de se faire céler pour éviter une Visite incommode; par de Joncourt. *La Haye* 1713. *in* 8.

1. 10. 231 Traité des Jeux de hazard, défendu contre M. de Joncourt, par la Placette. *La Haye* 1714. *in* 12.

1. " 232 Moyen pour vivre toujours content, par le mépris de la Mort, par de Sainctonge. *Par.* 1642. *in* 12.

11. 19. 233 Le Spectateur, ou le Socrate moderne, trad. de l'Anglois de Steele, Addisson & autres. *Amst.* 1732. 6. *v. in* 12.

4. " 234 Le Philosophe Nouvelliste, trad. de l'Anglois de Steele. *Amst.* 1735. 2. *v. in* 12.

. 15. 235 Nouveau Spectateur François. *La Haye* 1725. 2. *v. in* 12.

4. " 236 Le Misantrope, par J. van Effen. *La Haye* 1726. 2. *v. in* 12.

" 10. 237 Testament ou Conseils d'un bon pere à ses enfans, par Fortin Sr. de la Hoguette. *Par. le Petit*, 1661. *in* 12.

2. 2. 238 Locke de l'Education des Enfans, trad. de l'Anglois par Coste. *Amst.* 1708. *in* 8.

2. 4. 239 Elémens de l'Education. *Par.* 1743. *in* 8... Progrès de l'Education, suite des Elémens. *Par.* 1743. *in* 8.

1. " 240 Avis d'une Mere à son Fils & à sa Fille,

(par la Marq. de Lambert.) *Par.* 1728. *in* 12.

241 Oeuvres diverſes de la même. *Par.* 1748.   2 . 10 .
in 12.

242 De l'Education des Filles, par M. de Fene-   1 . 9 .
lon : nouv. édit. avec l'Inſtruct. de M. de la
Chetardie pour une jeune Princeſſe. *Amſt.*
1697. *in* 12.

243 De l'Education des Dames, pour la conduite   1 . 10 .
de l'Eſprit dans les Sciences & dans les Mœurs;
par Poulain. *Par.* 1679. *in* 12. *mar.*

244 De l'égalité des deux Sexes, diſcours phyſiq.   " 12 .
& moral. *Par.* 1673. *in* 12.

245 Eſſai ſur l'Education de la Nobleſſe. *Par.*   3 . 4 .
1747. 2. *v. in* 12.

246 Science des Perſonnes de la Cour, de l'Epée   6 . "
& de la Robbe, par de Chevigny : cinquiéme
édit. augmentée par de Limiers. *Amſt.* 1717.
4. *v. in* 12. *fig.*

247 Devoirs des Seigneurs dans leurs terres, (par   1 . 10 .
M. Armand de Bourbon, Prince de Conty.)
Par. 1687. *in* 12.

248 Diſcours ſur le Gouvernement, trad. de l'An-   11 . 19 .
glois de Sidney, par Sanſon. *La Haye* 1702. 3.
v. in 12.

249 L'Utopie de Th. Morus, trad. par Gueude-   3 . 3 .
ville. *Leide* 1715. *in* 12. *fig.*

250 Machiavellus de Republica, ex Italico Latinè.
Lugd. B. 1643. *in* 12.

251 Machiavelli Princeps, Latinè verſus; cum   5 . "
aliis ejuſd. argumenti, inter quæ Vindiciæ Junii
Bruti (Hub. Langueti) contra Tyrannos. *Lugd.*
B. 1643. *in* 12.

252 Le Prince de Machiavel, trad. & commenté   1 . "
par Amelot de la Houſſaie. *Amſt.* 1684. *in* 12.

253 L'Anti-Machiavel, ou Examen du Prince de   3 . 1 .
Machiavel, avec des notes hiſtor. & polit. *La*
Haye 1741. *in* 8.

C ij

"	16.	254 Maximes pour l'inftitution du Roy, (par Cl. Joly.) *Par.* 1652. *in* 8.
19.	3.	255 Inftitution d'un Prince, (par du Guet.) *Lond.* 1739. *in* 4.
1.	11.	256 Lettres fur l'Education des Princes, (par M. de Fontenay.) *Edimb.* (*Par.*) 1746. *in* 12.
1.	10.	257 L'Académie des Princes, où les Rois apprennent l'art de regner de la bouche des Rois ; par Pierre Menard. *Par.* 1646. *in* 4.
1.	5.	258 Le Courtifan de Baltazar de Caftillon, trad. de l'Italien. *Lyon* 1538. *in* 8.
		259 Traité de la Cour, ou Inftruct. des Courtifans, par du Refuge. *Leide*, *Elfevir*, 1649. *in* 12.
"	12.	260 Ariftipe, ou de la Cour, par de Balzac. *Par.* 1658. *in* 12.
		261 Lipfii Monita & Exempla politica. *Amft.* 1630. *in* 24.
"	12.	262 Offervationi politiche, trattate infieme con la Vita di Giulio Cefare ; da Stef. Ambr. Schiappel'aria. *Verona* 1600. *in* 4.
"	12.	263 Réflexions & Penfées morales & politiq. trad. de l'Efp. par d'Obeilh. *Elzevir.* 1671. 2. *v.* *in* 12.
1.	"	264 Traité des Diffenfions entre les Nobles & le Peuple dans les Republ. d'Athènes & de Rome ; l'art de ramper en Poéfie ; & l'art du Menfonge politiq. trad. de l'Angl. de Swift. 1733. *in* 12.
2.	10,	265 Le Frée-Holder, ou l'Anglois jaloux de fa liberté ; Effais politiq. trad. de l'Anglois. *Amft.* 1727. *in* 12.
"	10.	266 Le Confeiller d'Etat, ou Recueil de confidérations fervant au maniment des affaires publiq. *Par.* 1633. *in* 4. *mar. à compart.*
1.	"	267 Pafchalii Legatus. *Amft. Elzevir.* 1645. *in* 12.

268 Mém. touchant les Ambaſſadeurs, (par de Wicquefort.) *Col.* 1676. *in* 12.
269 L'Ambaſſadeur & ſes fonctions, par le même. *Cologne* 1690. 2. *tom. en* 1. *v. in* 4. — 4 . „

270 Intérefts & Maximes des Princes & des Etats Souverains , (par Henry Duc de Rohan.) *Col.* 1667. *in* 12. — „ 12.

271 Les Intérefts préfens des Puiſſances de l'Europe, par Rouſſet ; avec le Supplément. *La Haye* 1733. *& ſuiv.* 5. *v. in* 4. — 36 . 1.

272 Abrégé du Projet de Paix perpétuelle , par l'Abbé de Saint-Pierre. *Rotterd.* 1729. *in* 8. — 1 . 7.

273 Eſſai politiq. ſur le Commerce , (par Melon.) 1736. *in* 12. — 2 . 16.

274 Réflex. politiq. ſur les Finances & le Commerce , (par Dutot.) *La Haye* 1738. 2. *v. in* 12. — 5 . 2.

275 Dictionnaire de Commerce , par Savary ; avec le Supplém. *Par.* 1723. *&* 1730. 3. *v. in fol.* — 50 . „

III. *Métaphyſique.*

276 Refutat. d'un nouveau ſyſtême de Métaphyque , propoſé par le P. Malebranche. *Par.* 1715. 3. *v. in* 12. — 3 . 2.

277 Réflexions ſur quatre Queſtions Métaphyſiq. par Sam. Gringalet. *La Haye* 1714. *in* 8. — 3 . 3.

278 Démonſtration de l'exiſtence de Dieu , tirée de la connoiſſance de la Nature, (par M. de Fenelon.) *Par.* 1713. *in* 12. — 1 . „

279 L'Exiſtence & la Sageſſe de Dieu, manifeſtée dans la Création , traduit de l'Anglois de Jean Ray. *Utrecht* 1714. *in* 8. — 6 . 10.

280 Théologie phyſiq. ou Démonſtration de l'exiſtence & des attributs de Dieu , tirée des œuvres de la Création , trad. de l'Anglois de Derham. *Rotterd.* 1726. *in* 8. — 8 . „

1 . 16 . 281 Essai Philosophiq. sur la Providence. *Par.* 1728. *in* 12.

12 . 5 . 282 Discours sur la liberté de penser, trad. de l'Anglois (d'Ant. Collins;) avec la Lettre d'un Médecin Arabe. *Lond.* 1714. *in* 8. G. P.

15 . „ 283 Pensées sur la Religion, l'Eglise & le bonheur de la Nation ; trad. de l'Anglois de B. M. (Mandeville.) *La Haye* 1723. 2. *v. in* 8.

12 . 19 . 284 Examen du Pyrrhonisme ancien & moderne, par de Crousaz. *La Haye* 1733. *in fol.*

5 . 2 . 285 Réflex. sur ce qu'on appelle bonheur & malheur en matiére de Lotteries, & sur le bon usage qu'on en peut faire. *Amst.* 1696. *in* 8.

5 . 15 . 286 Critique sur les Lotteries, par Leti. *Amsterd.* 1697. 2. *v. in* 12.

„ 10 . 287 Systême de l'Ame, par de la Chambre. *Par.* 1665. *in* 12.

„ 15 . 288 Pourtrait des Esprits , trad. du Lat. de Barclay, par Nanteuil de Boham. *Par.* 1625. *in* 12.

1 . 5 . 289 Essai sur l'Esprit. *Par.* 1731. *in* 12.

7 . 1 . 290 Essai sur l'Entendement humain, trad. de l'Anglois de Locke, par P. Coste. *Amst.* 1735. *in* 4.

7 . 19 . 291 De la Recherche de la Vérité, par Malebranche. *Par.* 1712. 2. *tom. en* 1. *v. in* 4.

1 . 7 . 292 Examen des Préjugez vulgaires, pour disposer l'Esprit à juger sainement de tout. *Par.* 1704. *in* 12.

4 . 4 . 293 Les Préjugés du Public, avec des observat. par M. Denesle. *Par.* 1747. 2. *v. in* 12.

5 . 2 . 294 Essai sur les Erreurs populaires, trad. de l'Anglois de Brown, (par l'Abbé Souchay.) *Par.* 1733. 2. *v. in* 12.

2 . 1 . 295 Essai hist. & philosoph. sur le Goût, (par M. Cartaud de la Villatte.) *Amst.* 1736. *in* 12.

2 . 1 . 296 Les Beaux-Arts réduits à un même principe, (par M. Batteux.) *Par.* 1746. *in* 8.

5 . 1 . 297 Agrippa de incertitudine & vanitate Scientia-

rum & Artium ; & de nobilitate Fœminei Sexus. *Hagæcom.* 1653. *in* 12.

298 Entretiens sur les Sciences, par Bern. Lamy. *Lyon* 1694. *in* 12. — 1 . 14 .

299 Le Conte du Tonneau, contenant tout ce que les Arts & les Sciences ont de plus sublime & de plus mystérieux ; trad. de l'Anglois de Swift. *La Haye* 1721. 2. *tom. on* 1. *v. in* 12. — 4 . 1 .

300 Essai sur le Beau, par le P. André, Jésuite. *Par.* 1741. *in* 12. — 3 . '

301 Jean Wier de l'Imposture des Diables, des Enchantemens & Sorcelleries ; trad. du Lat. par Jacq. Grevin. *Par.* 1569. *in* 8. — 3 . 6 .

302 Le même augmenté ; avec les Dialogues de Th. Erastus, sur le même sujet. *Geneve* 1579. *in* 8. — 8 . ''

303 Pierre Massé de l'Imposture des Diables, Devins, Sorciers, &c. *Par.* 1579. *in* 8. — 6 . 12 .

304 Leonard Vair des Charmes, Sorcelages ou Enchantemens ; traduit du Lat. par Julian Baudon. *Par.* 1583. *in* 8. — 4 . 16 .

305 Traité de l'apparition des Esprits, par Taillepied. *Rouen* 1606. *in* 16. — 2 . 10 .

306 Des Satyres, Brutes, Monstres & Démons, par F. Hedelin. *Par.* 1627. *in* 8. — 4 . 19 .

307 Maniéres pour découvrir les Crimes & Sortiléges, & Instruction pour bien juger un Procès criminel ; par Bouvet. *Par.* 1659. *in* 8. *mar.* — 5 . 2 .

308 Hist. de l'Enchanteur Jean Fauste, avec sa mort épouventable. *Rouen* 1667. *in* 12. — 4 . ''

309 Hist. des Diables de Loudun. *Amst.* 1694. *in* 12. — 2 . ''

310 Le Monde enchanté, trad. du Holland. de Balth. Bekker. *Amst.* 1694. 4. *v. in* 12.
311 Réfutation du Livre précédent. *Amst.* 1699. *in* 12. — 15 . 11 .

312 Lettres de M. de Saint-André, sur la Magie, — 1 . 16 .

les Maléfices & les Sorciers. *Par.* 1725. *in* 12.

4. 1. 313 Differt. fur les Apparitions des Anges, des Démons & des Efprits, & fur les Revenans & Vampires, par Dom Calmet. *Par.* 1746. *in* 12.

9. " 314 Apologie pour les grands Hommes foupçonnés de Magie, par Naudé. *Amft.* 1722. *in* 8.

5. " 315 Le Comte de Gabalis, (par l'Abbé de Villars ;) avec la Suite, & les Génies affiftans. *Cologne. in* 8.

1. 10. 316 Hift. critiq. des Pratiques fuperftitieufes, par le Brun. *Rouen* 1702. *in* 12. *fig.*

1. 17. 317 Recueil de piéces, pour fupplément à l'Hift. des Pratiq. fuperftit. du P. le Brun. *Par.* 1737. *in* 12.

IV. *Phyfique, & Hiftoire Naturelle.*

4. 12. 318 Ocellus Lucanus de Univerfi natura, Gr. Lat. cum comment. Vizzanii. *Amft.* 1661. *in* 4.

" 19. 319 Cardanus de Subtilitate. *Par.* 1551. *in* 8.

1. 4. 320 Idem Cardanus de rerum varietate. *Bafil.* 1557. *in fol.*

1. 10. 321 Idem Cardani Liber. *Ibid.* 1557. 2. *v. in* 8.

" 12. 322 Pictorii Quæftiones Phyficæ, & Poëmata. *Bafil.* 1568. *in* 8.

" 19. 323 La Curiofité naturelle, redigée en queftions par ordre alphab. par Dupleix. *Par.* 1613. *in* 12.

2. 19. 324 Queftions théologiq. phyfiq. morales & mathématiq. par Merfenne. *Par.* 1634.... Préludes de l'Harmonie univerfelle, par le même. *Ibid.*... Méchaniques de Galilée, trad. par le même. *Ibid. in* 8.

6. 10. { 325 Entretiens Phyfiques, ou Phyfique nouvelle, par le P. Regnault. *Par.* 1729. 3. *v. in* 12. *fig.* { 326 Origine ancienne de la Phyfique nouvelle, par le même. *Par.* 1734. 3. *v. in* 12.

327

327 Principes de la Nature, (par Colonne.) *Par.* 1725. 2. *v. in* 12. — 1 . 17 .

328 Recueil de Traités de Physique & d'Hist. Naturelle, par M. Deslandes. *Par.* 1748. *in* 12. *fig.* — 3 . 3 .

329 Telliamede, ou Entretiens d'un Philosophe Indien ; mis en ordre sur les Mém. de M. de Maillet ; par J. A. G. *Amst.* 1748. 2. *tom. en* 1. *v. in* 8. — 6 . 3 .

330 Systême du Monde, selon les trois hypotheses, par Gadroys. *Par.* 1675. *in* 12. — " . 16 .

331 De la pluralité des Mondes, trad. du Lat. d'Huygens. *Amst.* 1718. *in* 12. — 2 . 11 .

332 Miroir de l'Univers, par de Gaudebout. *Par.* 1659. *in* 12.

333 Th. Burnetii Telluris Theoria sacra, originem & mutationes Orbis nostri complectens. *Amst.* 1699. *in* 4. — 4 . 16 .

334 Géographie physique, ou Essai sur l'Hist. naturelle de la Terre, trad. de l'Anglois de Woodward, par Noguez. *Par.* 1735. *in* 4. — 6 . 1 .

335 Nouveau Systême du Microcosme, ou Traité de la nature de l'Homme, par le Sr. de Tymogue (Edme Guyot.) *La Haye* 1727. *in* 8. — 2 . 10 .

336 Lettre sur la Comete, (par M. de Maupertuis.) 1742.... Critiq. de la Lettre sur la Comete ; & autres piéces sur le même sujet. *In* 12. — 4 . 1 .

337 Priezac de Coloribus. *Par.* 1657. *in* 8. — " . 15 .

338 Il Newtonianismo per le Dame, overo Dialoghi sopra la Luce & i Colori ; da Franc. Algarotti. *Nap.* 1737. *in* 4. — 2 . " .

339 Conversations physiq. de l'Academ. de Bourdelot, par le Gallois. *Par.* 1673. *in* 12. — 1 . " .

340 Expériences de Physique, par Poliniere. *Par.* 1728. *in* 12. *fig.* — 1 . 19 .

341 Leçons de Physique expérimentale, par l'Abbé — 7 . 12 .

D

Nollet. *Par.* 1743. *& fuiv.* 3. *v. in* 12. *fig.*

4. „ 342 Amufement philofophiq. fur le langage des Bê-
tes, (par Bougeant.) *Par.* 1739. *in* 12. *avec
deux Lettres au fujet de ce Livre.*

18. 2. 343 Plinii Hiftoria Naturalis. *Lugd. B. Elzevir.*
1635. 3. *v. in* 12.

3. 1. 344 Hift. du Monde, trad. du Lat. de Pline par du
Pinet. *Par.* 1622. 2. *tom. en* 1. *v. in fol.*

36. 5. 345 Hift. Naturelle, générale & particuliére, avec
la Defcription du Cabinet du Roy; (par MM. de
Buffon & d'Aubenton.) *Par. Imp. R.* 1749. 3.
v. in 4 *fig.*

24. 19. 346 Spectacle de la Nature, (par M. Pluche.) *Par.*
1732. *& fuiv.* 7. *v. in* 12. *fig.*

„ 11. 347 Baccius de Gemmis & Lapidibus pretiofis, ex
Ital. Latinè per Gabelchoverum. *Francof.* 1603.
in 8.

2. 8. 348 Jo. de Laët de Gemmiš & Lapidibus. *Lugd.
B.* 1647. *in* 8. *fig.*

10. 19. 349 Le parfait Joaillier, ou Hift. des Pierreries,
par Boëce de Boot, avec les annot. d'André
Toll, trad. du Lat. par Bachou. *Lyon* 1644. *in* 8.
fig.

1. 19. 350 De l'origine des Fontaines, (par P. Perrault.)
Par. 1674. *in* 12.

2. 1. 351 Traité des Eaux Minérales de Paffy, par Moul-
lin de Marguery. *Par.* 1723. *in* 12.

1. „ 352 Traité des Eaux Minérales de Chenay près de
Reims, par de Mailly. *Reims* 1697. *in* 12.

1. 6. 353 Comes Rufticus, ex optimis Latinis Scriptori-
bus excerptus, (per Cl. Peletier Regni Exminif-
trum.) *Par.* 1692. *in* 8.

6. 2. 354 Le Moyen de devenir riche, & la maniére de
multiplier fes poffeffions ; avec un difcours de la
nature des Eaux & Fontaines, &c. par Bern. Pa-
liffy. *Par.* 1636. *in* 8.

355 L'Agriculture & Maison Ruftique, par Ch. " 10.
    Eftienne & J. Liebaut. *Rouen* 1658. *in* 4.

356 Nouvelle Maifon Ruftique, par Liger. *Par.* 13. 6.
    1721. 2. *v. in* 4. *fig.*

357 Le Jardinier Fr. & les Délices de la Campagne. 3. "
    Par. 1706. 2. *v. in* 12.

358 Menage de la Ville & des Champs, & le Jar- 2. "
    dinier François, accommodés au goût du temps,
    par Liger. *Brux.* 1712. *in* 12.

359 Curiofités de la Nature & de l'Art fur la Vé- 5. 1.
    gétation, ou l'Agriculture & le Jardinage dans
    leur perfection; par l'Abbé de Vallemont. *Par.*
    1705. *in* 12. *fig.*

360 Obfervat. fur l'Agriculture & le Jardinage, par 5. 19.
    Angran de Rueneuve. *Par.* 1712. 2. *v. in* 12.

361 Théorie & pratiq du Jardinage, (par M. De- 5. 6.
    zallier d'Argenville.) *Par.* 1732. *in* 4. *fig.*

362 Le même Livre. *Par.* 1747. *in* 4. *fig.* - - - 13. 10.

363 Inftruct. pour les Jardins fruitiers & potagers, 9. 19.
    par de la Quintinye. *Par.* 1716. 2. *v. in* 4. *fig.*

364 Culture parfaite des Jardins fruitiers & pota- 2. "
    gers, par Liger. *Par.* 1714. *in* 12.

365 Maniére de cultiver les Arbres fruitiers, par le 4. "
    Gendre, Curé d'Henonville. *Par.* 1665. *in* 12.

366 L'Art de tailler les Arbres fruitiers. *Par.* 1683. 2. 10.
    in 12.

367 Obfervat. fur la culture des Arbres fruitiers. 2. 10.
    Par. 1718. *in* 12.

368 Inftruct. pour le Jardin potager, par Ariftote 3. 6.
    Jardin. de Puteaux. *Par.* 1697. *in* 12.

369 Abrégé pour les Arbres nains & autres. *Par.* 2. 9.
    1683. *in* 12.

370 Traité pour la culture des Fleurs. *Par.* 1674. 2. 10.
    in 12.

371 Le Jardinier Fleurifte, par Liger. *Par.* 1717. 3. 12.
    in 12. *fig.*

372 Le parfait Œconome, pour les Biens de Cam- 1. 10.

pagne, par de Rosny. *Par.* 1710. *in* 12.

24 . *"* 373 Dictionnaire Œconomique , par Noel Chomel. *Par* 1732. 2. *v. in fol.*

9 . 19 . 374 Dictionnaire Botaniq. & Pharmaceutique, (par Nic. Alexandre Benedictin.) *Par.* 1738. *in* 8.

7 . 19 . 375 Comment. de Matthiole sur Dioscoride , trad. par J. des Moulins. *Lyon* 1579. *in fol. fig.*

10 . 19 . 376 Fuchsii Historia Stirpium. *Basil.* 1542. *in fol. fig. enlum.*

6 . *,* 377 Ejusd. Fuchsii Stirpium Historiæ vivæ Imagines contractæ. *Basil.* 1549. *in* 8. *fig. enlum. mar.*

10 . 1 . 378 Hist. des Plantes , trad. du Latin de Dalechamp par des Moulins. *Lyon* 1653. 2. *v. in fol. fig.*

25 . 5 . 379 Jo. Bauhini , Jo. Henr. Cherleri , & Domin. Chabræi Historia Plantarum. *Ebroduni* 1650. 3. *v. in fol. fig.*

64 . 1 . 380 Elémens de Botanique , ou Méthode pour connoître les Plantes , par Pitton Tonrnefort. *Par. Imp. R.* 1694. 3. *v. in* 8. *fig.*

1 . 2 . 381 Hist. des Plantes usuelles , par J. B. Chomel. *Par.* 1715. 2. *v. in* 12.

9 . *"* 382 Hist. des Plantes de l'Europe , rangée suivant le Pinax de Bauhin. *Lyon* 1689. 2. *v. in* 12. *fig.*

1 . 10 383 Hist. des Plantes des environs de Paris , par Tournefort. *Par. Imp. R.* 1698. *in* 12.

1 . 10 . { 384 Jo. Car. Rosenbergii Rhodologia , seu Rosæ Descriptio. *Francof.* 1631. *in* 8.
{ 385 Guil. vanden Bossche Historia medica Animalium. *Brux.* 1639. *in* 4. *fig.*

1 . 10 . 386 Franzii Historia Animalium sacra. *Amst.* 1665. 2. *v. in* 12.

51 . *"* 387 Jo. Jonstoni Historia Animalium. *Francof. cum fig. Meriani,* 4. *v. in fol. mar.*

41 . 1 . 388 Henr. Ruysch Theatrum Animalium. *Amstelod.* 1718. 2. *v. in fol. fig.*

4 . *"* 389 Gualt. Charletoni Exercitationes de differentiis & nominibus Animalium. *Oxon.* 1677. *in fol. fig.*

390 Hift. des Elephants, par Salom. de Priezac.   2 . 12 .
Par. 1650. *in* 12.

391 Pifcium vivæ Icones, in æs incifæ, & coloribus   3 . 16 .
depictæ. *In* 4. *oblong.*

392 Abrégé de l'Hift. des Infectes, pour fervir de   6 . 16 .
fuite à l'Hift. des Abeilles, (par M. Bazin.) *Par.*
1747. 2. *v. in* 12.

393 Traité des Mouches à Miel, & des Vers à foye.   2 . 7 .
Par. 1714. *in* 12.

394 Phil. Jac. Sachs Gammarologia, feu Cancro-   1 . 5 .
rum Confideratio. *Francof.* 1665. *in* 8. *fig.*

395 Gaudentii Merulæ Memorabilia, cum fcholiis   1 . "
Pomponii Caftalii. *Lugd.* 1556. *in* 8.

396 Obfervations de plufieurs fingularitez, trouvées   4 . "
en Gréce, Afie, Arabie, &c. par P. Belon. *Par.*
1555. *in* 4. *fig. enlum.*

397 Incendio del Monte Vefuvio, da Pietro Caf-
telli. *Roma* 1632. *in* 4.   6 . "

398 Conr. Lycofthenis Chronicon Prodigiorum &
Oftentorum. *Bafil.* 1557. *in fol. fig.*

399 Hiftoires prodigieufes, extraites de divers Au-   3 . 4 .
teurs, par P. Boaiftuau. *Par.* 1566. *in* 8. *fig.*

400 Catalogue raifonné de Coquilles & autres Cu-   2 . 9 .
riofités naturelles, avec des obfervat. par Fr. Ger-
faint. *Par.* 1736. . . . Programme d'un Cours de
Phyfique expériment. par l'Abbé Nollet. *Par.*
1738. *in* 12.

401 Catalogue raifonné des Curiofités du Cabinet de   1 . 9 .
M. Quentin de Lorangere, par Fr. Gerfaint. *Par.*
1744. *in* 12.

402 Catal. raifonné des Curiofités des Cabinets de   2 . 11 .
M. Bonnier de la Moffon, par F. Gerfaint. *Par.*
1744. . . . Catal. du Cabinet du Cheval. de la Ro-
que, par le même. *Par.* 1745. *in* 12.

403 Catal. des Curiofités de M. Angran de Fonf-   1 . 10 .
pertuis, par F. Gerfaint. *Par.* 1747. *in* 12.

404 Catal. d'une Collection de Coquilles, par F.   " . 10 .
Gerfaint. *Par.* 1749. *in* 12. *br.*

V. *Médecine, Anatomie, Chirurgie, Pharmacie, & Chymie.*

10. 1. 405 Hippocratis Opera, Gr. Lat. ex edit. Foëfii. *Francof.* 1624. *in ol.*

" 10. 406 Hippocrates Latinus Foëfii. *Francof.* 1596. *in 8.*

2. 15. 407 Oeuvres d'Hippocrate, trad. par Dacier. *Par.* 1697. 2. *v. in* 12.

" 10. 408 Aphorifmes d'Hippocrate, trad. par Vigier, avec des comment *Par.* 1666. *in* 12

" 10. 409 Aphorifmes d'Hippocrate, trad. & expliqués par du Four. *Par.* 1703. *in* 12.

" 10. 410 Marini Curæi de la Chambre Methodus pro explicandis Hippocrate & Ariftotele. *l'ar.* 1668. *in* 12.

" 10. 411 Réflex. fur la théorie & la pratiq. d'Hippocrate & de Galien; avec la méthode de guerir par la Tranfpiration & l'Evacuation; par Louis Cufac. *Par.* 1692. *in* 12.

" 10. 412 Cours de Medecine, par D. R. *Par.* 1669. *in* 12.

1. 13. 413 Cours de Médecine, par Lazare Meyffonnier: cinquiéme édit. *Lyon* 1671. *in* 4.

2. 13. 414 Sempronii Gracchi Medicus hujus feculi. *Drefda* 1693. *in 8.*

1. 10. 415 Le Médecin & le Chirurgien des Pauvres, par Dubé. *Par.* 1693. *in* 12.

1. 10. 416 Jo. Jac. Waldfchmidii Inftitutiones Medicinæ rationalis. *Francof.* 1696. *in 8.*

2. " 417 Pratique générale de Médecine, de Mic. Ettmuller, trad. *Lyon* 1699. 2. *v. in 8.*

2. 8. 418 Principes de Phyfique, rapportés à la Médecine pratiq. par Chambon. *Par.* 1713. *in* 12.

3. 10. 419 Herm. Boerhaave Inftitutiones Medicæ. *Lugd. B.* 1713. *in 8.*

420 Etat de la Médecine anc. & moderne, avec un plan pour perfectionner celle-ci; trad. de l'Anglois de Clifton; avec les Expériences de M. Hales fur le Reméde de Mlle Stephens, trad. par Cantwel. *Par.* 1742. *in* 12.   2. "

421 Progrès de la Médecine, pour l'année 1697. par Brunet. *Par.* 1698. *in* 12.

422 Primerofe fur les erreurs vulgaires de la Médecine, trad. par de Roftagny. *Lyon* 1689. *in* 8.   3. 10

423 Le Brigandage de la Médecine, (par Hecquet.) *Utrecht* 1732. *in* 12.   1. 19.

424 Religio Medici, (authore Th. Brown.) 1644. *in* 12.   3. 2.

425 La Religion du Médecin, trad. du Lat. de Th. Brown. *Holl.* 1668. *in* 12.   7. 3.

426 Decreta Medicorum Parif. Ordinis. *Par.* 1714. *in* 12.   1. 10.

427 J. B. Callard de la Ducquerie Lexicon Medicum etymologicum. *Par.* 1692. *in* 12.   1. "

428 Barth. Caftelli Lexicon Medicum Gr. Lat. *Lipfiæ* 1713. *in* 4.   13. "

429 Schola Salernitana de Valetudine tuenda, cum animadverf. Ren. Moreau. *Par.* 1672. *in* 8.   6. 19.

430 L'Ecole de Salerne, trad. & commentée par Mic. le Long. *Par.* 1649. *in* 8.   1. 10.

431 Comment. en vers Fr. fur l'Ecole de Salerne, par du Four de la Crefpeliere. *Par.* 1671. *in* 12.   1. 16.

432 Leon. Leffius de Valetudine fervanda; cum Lud. Cornari Tractatu ex Ital. Latinè verfo. *Antv.* 1623. *in* 8.   1. 10.

433 Traité pour la confervation de la Santé, & fur la Saignée; par David l'Aigneau. *Par.* 1650. *in* 4.   1. 3.

434 Le Médecin de foi-même, (par Jean de Vaux.) *Leyde* 1682. *in* 12. *mar.*   2. 15.

435 Moyens dont M. de Lorme s'eft fervi pour vivre près de cent ans, par Mic. de Saint-Martin. *Par.* 1683. *in* 12.   2. "

" 12. 436 Régime de Santé, par de la Cour. *Par.* 1686. *in* 12.

437 Regles de la Santé, par Porchon. *Par.* 1688. *in* 12.

" 15. 438 L'art de se conserver la Santé, ou le Médecin de soi-même, par Flament. *Par.* 1692. *in* 12.

1. 7. 439 Regles sur la Santé, & sur les moyens de prolonger la Vie, trad. de l'Anglois de Cheyne. *Brux.* 1727. *in* 8.

2. 5. 440 Bened. de Bacquere Senum Medicus. *Colon.* 1673. *in* 8.

3. 2. 441 Sanctorius de Medicina Statica : accessit Hippol. Obicii Staticomastix, cum Sanctorii responsione. *Lugd. B.* 1713. *in* 12.

1. 10. 442 Thrésor de Santé, ou Ménage de la Vie humaine, où il est traité des Viandes & Breuvages. *Lyon* 1607. *in* 8.

2. 11. 443 Traité des Alimens, par Louis Lemery. *Par.* 1709. *in* 12.

1. 1. 444 L'abstinence de la Viande rendue aisée, par Barth. Linand. *Par.* 1700. *in* 12.

3. " 445 Les Vertus Médicinales de l'Eau commune. *Par.* 1730. 2. *v. in* 12.

" 19. 446 Usage de la Glace, de la Neige, & du Froid, par Barra. *Lyon* 1675. *in* 12.

1. 10. 447 Le bon usage du Caffé, du Thé, & du Chocolat, par de Blegny. *Par.* 1687. *in* 12. *fig.*

4. " 448 Apicius de Arte Coquinaria, cum annot. Mart. Lister & alior. *Amst.* 1709. *in* 8.

2. 10. 449 Essai sur l'Œconomie Animale, par Fr. Quesnay. *Par.* 1736. *in* 12.

450 L'art de guérir par la Saignée, par le même. *Ibid. in* 12.

2. " 451 Lower du Cœur, du mouvement & de la couleur du Sang, &c. trad. du Lat. *Par.* 1679. *in* 12.

452 De la Génération de l'Homme, trad. du Lat. de

de Jacq. Sylvius par Guil. Chreſtian. *Par.* 1559.
...... Galien de la formation des Enfans, & de
l'enfantement à 7. mois, trad. par Chreſtian. *Ibid.*
in 8.

453 Problemes d'Ariſtote ſur la nature de l'Homme
& de la Femme, ſur la Génération, &c. *Rouen*
1668. *in* 12. — 1.   "

454 Tagereau de l'Impuiſſance de l'Homme & de
la Femme. *Par.* 1612. *in* 8.   2.   "
                                                              D. 2.   3.

455 Des Hermaphrodits, Accouchement & Trai-
tement des Femmes, par Jacq. Duval. *Rouen*
1612...... Méthode de guarir les Catharres,
par le même. *Ibid. in* 8.   7.   "

456 Jac. Mollerus de Cornutis, & de Hermaphro-
ditis, eorumque jure. *Ffurti* 1692. *in* 4.   9.   "

457 Traité des Euques, par M. D. (d'Ollincan,
ou plûtôt Ancillon.) 1707. *in* 12.   9.   1.

458 Jaſo Pratenſis de Uteris, de Victu gravidis ob-
ſervando, de arcenda ſterilitate, & progignendis
Liberis, de Pariente & Partu. *Amſt.* 1657. *in* 12.   1.   14.

459 Magiſtri Egidii Carmina de Urinarum judiciis,
cum commento Gentilis de Fulgineo. *Baſil.* 1529.
in 8.   1.   "

460 Actuarius & alii de Urinis. *Trajecti* 1670.
in 8.   1.   "

461 Frid. Loſſii Concilia, ſive de Morborum cura-
tionibus. *Lond.* 1684. *in* 8.   1.   "

462 Méthode de guérir les Fiévres, trad. du Lat.
de Fernel par de Saint Germain. *Par.* 1655......
Therapeutique du même Fernel, trad. *Par.* 1668.
in 8.   "   10.

463 Obſervat. ſur les Fiévres & les Fébrifuges,
par Jacob Spon. *Lyon* 1684. *in* 12.   "   10.

464 Le Capucin charitable, ou Préſervatifs & Re-
médes contre la Peſte, par Maurice de Tolon.
Par. 1668. *in* 8.   "   13.
465 Jo. Couſin novum Aſthma detectum. *Par.* 1673.
in 12.

3 . 2 . 466 De la Maladie d'Amour, ou Mélancholie érotique, par Jacq. Ferrand. *Par.* 1623. *in 8.*

1 . " 467 Du Pourpre, de la Rougeole, & petite Vérole, & de la Néphrétique; par Porchon. *Par.* 1688. *in 12.*

468 Traité de la Maladie Vénérienne, par Gervais Ucay. *Amft.* 1699. *in 12.*

1 . 1 . 469 Traité des Maladies Vénériennes, par M. de la Mettrie. *Par.* 1739. *in 12.*

2 . 5 . 470 Differt. fur les Maladies Vénériennes, fur la Rage, & fur la Phtifie, par Pierre Default. *Bord.* 1733. *in 12.*

471 Differt. de Médecine, tome 3. fur la Pierre, par le même Default. *Par.* 1736. *in 12.*

2 . 17 . 472 Obfervat. Chirurgic. fur les Maladies de l'Urethre, par Jacq. Daran. *Par.* 1748. *in 12.*

1 . 19 . 473 Giov. Marinello delle Medicine partenenti alle Infirmità delle Donne. *Venet.* 1574. *in 8.*

1 . 18 . 474 J. B. de Lamzweerde Hift. natur. Molarum Uteri. *Lugd. B.* 1686. *in 8. fig.*

2 . " 475 Recueil d'Expériences & d'Obfervat. fur la Pierre, & fur les effets des Remédes de Mlle Stephens. *Par.* 1740. & 43. 2. *v. in 12.*

2 . 8 . 476 Des moyens de diffoudre la Pierre, & de guérir cette Maladie, & celle de la Goute par le choix des Alimens; trad. de l'Anglois de Théophile Lobb. *Par.* 1744. *in 12.*

" . 10 . 477 De la Canicule & des Jours Caniculaires; avec un traité de la Goutte; par Porchon. *Par.* 1688. *in 12.*

2 . 9 . 478 Traité des Convulfions, ou mouvemens convulfifs qu'on appelle Vapeurs, par Chaftelain. *Par.* 1691. *in 12.*

15 . " 479 Adr. Spigelii Opera, ex edit. J. Ant. vander Linden; cum Tabulis Anatomicis 78. Julii Cafferii Placentini, & fupplemento 20. Tabularum Dan. Bucretii, qui explicationes addidit. *Amft.* 1645. *in fol. fig. C. M.*

480 Anatomie du Corps humain , trad. du Lat.   6 . ,,
d'Isbrand de Diemerbroeck par J. Prost. *Lyon*
1695. 2. *v. in* 4. *fig.*

481 Anatomie de l'Homme , par Dionis. *Par.* 1698.   2 . 7.
in 8. *fig.*

482 Anatomie du Corps humain, avec ses Mala-   4 . ,,
dies , & les Remédes ; par de Saint-Hilaire. *Par.*
1698. & 1702. 3. *v. in* 8. *fig.*

483 Petri Paaw Primitiæ Anatomicæ de humani   1 . ,,
Corporis Ossibus. *Amst.* 1633. *fig* ...... Ejusd.
in Hippocratem de Capitis Vulneribus Comment.
Lugd. B. 1616. *fig* ...... Ejusd. in Celsum Com-
ment. *Ibid.* ...... Ejusd. in Vesalium comment.
Amst. 1633. *in* 4. *fig.*

484 Hist. Anatomique des Parties génitales de   5 . 10.
l'Homme & de la Femme, trad. du Latin de
Graaf. *Lyon* 1699. *in* 8. *fig.*

485 Chirurgie complette , suivant le systéme des   3 . 8.
Modernes. *Par.* 1744. 2. *v. in* 12.

486 Traité de la Lithotomie , ou extraction de la   3 . ,,
Pierre, par Fr. Tolet. *Par.* 1689. *in* 12. *fig.*

487 Hecquet de l'indécence aux Hommes d'accou-   1 . 10.
cher les Femmes , & de l'obligation aux Femmes
de nourrir leurs enfans. *Trevoux* 1708. *in* 12.

488 Tauvry des Médicamens. *Par.* 1712. 2. *v. in* 12.   1 . 10.

489 Médecine Dogmatiq. Méchaniq. & Pharmaco-   1 . 11.
pée rationale , par Louis Bellefontaine. *Amst.*
1712. 2. *tom. en* 1. *v. in* 12.

490 Hist. des Drogues , par Pierre Pomet. *Par.*   10 . 19.
1694. *in fol. fig.*

491 Catalogue des Drogues simples & composées ,   ,, 10.
par le même. *Par.* 1695. *in* 8.

492 Traité des Drogues simples par ordre alphab.   12 . 6.
par Lemery. *Par.* 1714. *in* 4.

493 Traité des Antidotes , par Pierre Martin de la
Martiniere. *Par. in* 12. *sans front.*   ,, 10.

494 La vraie Pierre Philosophale de Médecine ,

vérifiée par les vertus de la Confection Angéli-
que, par de l'Angélique Apoticaire & Chirur-
gien. *Par.* 1622. *in* 12.

4 . „ 495 Remédes de Mad. Fouquet. *Par.* 1726. 2. *v.*
in 12.

4 . 2 . 496 Albertus Magnus de Secretis Mulierum, & de
virtutibus Herbarum , Lapidum & Animalium.
Amst. 1655. *in* 12. *mar.*

2 . 2 . 497 Secrets du Petit Albert, trad. *Geneve* 1704.
in 12. *fig.*

1 . 19 . 498 Secrets de J. Jacq. Wecker, trad. du Latin.
Rouen 1694. *in* 8.

1 . 10 . 499 Secreti d'Alessio Piemontese. *Venet.* 1639. *in* 8.

1 . „ 500 Secreti del Falopia. *Venet.* 1640. *in* 8.

1 . 19 . 501 Remédes & Secrets du Chevalier Digby. *Par.*
1684. *in* 12.

4 . „ 502 Secrets pour la beauté des Dames, & pour les
Maladies , tirés des Mem. du Cheval. Digby;
avec son Discours de la guérison des Plaies par la
Poudre de Sympathie. *La Haye* 1700. *in* 8.

1 . 12 . 503 Secrets touchant la Médecine, éprouvés par
Mlle d'Auvergne. *Par.* 1692. *in* 12.

5 . 2 . 504 Secrets & Curiosités du Sr. d'Emery. *Amst.*
1709. 2. *v. in* 12. *fig.*

2 . „ 505 Secrets de Médecine & de Chirurgie; avec un
Appendix sur les Maladies des Chevaux. *Par.*
1742. *in* 12.

4 . 9 . 506 Secrets concernant les Arts & Métiers. *Par.*
1716. *in* 12.

9 . 2 . 507 Caneparius de Atramentis cujuscumque gene-
ris. *Lond.* 1660. *in* 4.

„ 10 . 508 Guil. Johnsoni Lexicon Chymicum. *Lond.*
1660. *in* 8.

1 . 5 . 509 Physique démonstrative, par Henry de Rochas.
Par. 1643. *in* 8.

9 . 4 . 510 Escalier des Sages, ou la Philosophie des An-
ciens, avec des belles Figures; par un Amateur

de la Vérité qui a pour l'Anagrame de fon nom :
*En debés pulchra ferundo fcire. Groningue 1689.
in fol. fig.*

511 Theatrum Sympatheticum, exhibens varios Au-
thores de Pulvere Sympathetico. *Norimb. 1662.
in 4.*   2.   "

VI. *Mathématiques, & Arts.*

512 Elémens des Mathématiques, par Bern. Lamy.
Par. 1704. in 12.   "   16.

513 Récréation Mathématiq. compofée de plufieurs
Problêmes plaifans & facétieux, par H. van Et-
ten. *Lyon 1627. in 8.*   1.   "

514 Examen du Livre des Récréations Mathématiq.
par Mydorge. *Par. 1639. in 8. fig.*   "   12.

515 Récréations Mathématiques & Phyfiques, par
Ozanam. *Par. 1694. 2. v. in 8. fig.*   4.   5.

516 Dictionnaire Mathématique, par Ozanam. *Par.
1691. in 4. fig.*   12.   1.

517 L'Arithmétique de le Gendre. *Par. 1745.
in 12.*   1.   10.

518 Les Comptes faits, de Barreme. *Par. 1708.
in 12.*   1.   13.

519 Les mêmes. *Par. 1742. in 12.*   2.   1.

520 Pratique de la Géométrie fur le papier & fur le
terrain, par Seb. le Clerc. *Par. 1682. in 12. fig.
de le Clerc.*   4.   10.

521 Ufage des Globes célefte & terreftre, & des
Sphères, par Nic. Bion. *Par. 1728. grand in 8.
figures.*   10.   19.

522 Jo. Taifnerii Chyromantia. *1562. in fol. fig.
fans frontifp.*   2.   "

523 Cefalogia Fifonomica, da Cornelio Ghirar-
delli. *Bologna 1630. in 4. fig.*   1.   10.

524 Joan. ab Indagine Introductiones Apotelefma-
ticæ in Phyfiognomiam, Aftrologiam, &c. cum   "   14.

addit. *Aug. Trebac.* 1663. *in* 8. *fig.*

1 . 19 . 525 Prophéties de Noſtradamus. *Lyon* 1568. *in* 8.

1 . 16 . 526 Concordance des Prophéties de Noſtradamus avec l'Hiſtoire, par Guynaud. *Par.* 1693. *in* 12.

13 . 4 . 527 Dictionnaire de Marine, par Aubin. *Amſt.* 1702. *in* 4. *fig.*

7 . „ 528 Traité de la Viole, par J. Rouſſeau. *Par.* 1687. *in* 8.

9 . 9 . 529 Gaſp. Schotti Technica curioſa, ſeu mirabilia Artis. *Norib.* 1664. *in* 4. *fig.*

2 . 12 . { 530 Heronis Alexandrini Spiritalia, ex Gr. Lat. per Commandinum. *Urbini* 1575. *in* 4.
531 Diſcorſi & Dimoſtrazioni Matematiche attenenti alla Mecanica, da Galileo Galilei. *Leida* 1638. *in* 4.

9 . 19 . 532 Théatre des Inſtrumens Mathématiq. & Méchaniq. de Jacq. Beſſon, avec l'explic. des figures par Fr. Beroald. *Lyon* 1578. *in fol. fig.*

8 . „ 533 Recueil d'Ouvrages curieux de Mathématiq. & de Méchaniq. ou Deſcription du Cabinet de M. Grollier de Serviere, par M. Grollier ſon petit fils. *Lyon* 1719. *in* 4. *fig.*

24 . 19 . 534 L'art de tourner, par Ch. Plumier. *Lyon* 1701. *in fol. fig.*

15 . „ 535 Principes du Deſſein, par Gerard de Laireſſe. *Amſt.* 1719. *in fol. fig.*

5 . 7 . 536 L'art de Peinture, Poëme Lat. de du Freſnoy; avec la trad. & les remarq. de de Piles. *Par.* 1684 . . . . . . Figures d'Académie, pour apprendre à deſſiner, gravées par le Clerc. *Par.* 1673. *in* 12.

7 . 5 . 537 Traité de la Peinture & de la Sculpture, trad. de l'Anglois de MM. Richardſon pere & fils. *Amſt.* 1728. 3. *tom. en* 2. *v. in* 8.

„ 10 . 538 Conférences de l'Acad. de Peinture, pat André Felibien. *Par.* 1669. *in* 4.

„ 12 . 539 Recueil de Deſcript. de Peintures & d'autres Ouvrages faits pour le Roi ; par le même. *Par.* 1689. *in* 12.

540 Defcript. des Tableaux du Palais Royal, par du Bois de Saint-Gelais. *Par.* 1727. *in* 12.   1 . 12 .

541 Livre de Pourtraicture, par Jean Coufin. *Par.* 1635. *in* 4. *obl. fig. en bois. br.*   1 . 13 .

542 Optique de Portraiture & Peinture, par Greg. Huret. *Par.* 1672. *in fol. fig.*   7 . 19 .

543 L'art de laver, ou nouvelle maniere de peindre fur le papier, par H. Gautier. *Lyon* 1687. *in* 12.   2 . 11 .

544 Traité de Mignature, avec le Secret de faire les plus belles Couleurs, &c. *Lyon* 1694. *in* 12.   2 . 9 .

545 Gauricus de Sculptura, feu Statuaria ; cum ejufd. Eclogis lepidiffimis. *Antverp.* 1528. *in* 8.   " . 13 .

546 Des manieres de graver en taille douce, &c. par Boffe ; avec la nouvelle maniere de Seb. le Clerc. *Par.* 1701. *in* 8. *fig.*   5 . 12 .

547 Porte-feuille de cent Eftampes, Portraits de Smith & autres, & divers fujets de Callot, &c. *Grand in fol. mar.*   40 . "

548 Caprices de Callot. *In* 8. *obl. non relié.* - -   1 . 16 .

549 Recueil d'Eftampes grotefques & de caprice. *In fol.*   7 . 2 .

550 Recueil des Figures, Groupes, Thermes, Fontaines, Vafes, & autres Ornemens de Verfailles ; gravé par Sim. Thomaffin. *Par. in* 8.   8 . 12 .

551 Plans & Deffeins des conftructions & décorations ordonnées par la Ville de Paris pour les réjouiffances publiq. à l'occafion de la publication de la Paix en 1749. *In fol. obl. gravé, br.*   1 . 12 .

552 Cleri Romani, & Ordinum Religioforum Habitus, ab Ammanno figuris ligneis expreffi, cum octoftichis Modii. *Ffurti* 1585....... Gynæceum, five Habitus Fœminei, ab eod. Ammanno expreffi ; cum octoftichis ejufd. Modii. *Ibid. in* 4.   6 . 4 .

553 Orbis habitabilis Oppida & Veftitus, per Car. Allard. *Amft. in fol. fig.*   6 . 12 .

6. 4. 554 Portraits des Princes & Princesses de ce tems, dssinés au naturel par Allard. *Leide*...... Le Monde représenté en ses parties, Elémens, Saisons, Métiers, Masquerades, & Ballet d'Amour; par Allard. *Ibid. in fol. fig.*

3. 1. 555 Portraits & Habillemens des principales Dames de la Porte du Grand Turc, gravés sur les Peintures de George de la Chapelle. *Par.* 1648. *in fol.*

18. " 556 Recueil de cent Estampes des Nations du Levant. *Par.* 1714. *in fol.*

1. " { 557 Grapaldus de partibus Ædium. *Lugd.* 1535. *in* 8.
558 Architecture de Palladio, trad. & augm. par le Muet. *Par.* 1645. *in* 4. *fig.*

" 17. 559 Architecture de Savot, avec les notes de Blondel. *Par.* 1673. *in* 8.

9. 12. 560 Principes de l'Architecture, de la Sculpture, de la Peinture, &c. avec un Dictionnaire; par André Felibien. *Par.* 1676. *in* 4. *fig.*

21. 16. 561 Cours d'Architecture, par A. C. Daviler. *Par.* 1691. 3. *v. in* 4. *fig.*

6. 14. 562 Cabinet d'Architecture, Peinture, Sculpture & Graveure, par le Comte. *Par.* 1699. 3. *v. in* 12.

1. " 563 Mém. critiq. d'Architecture, par Fremin. *Par.* 1702. *in* 12.

1. 2. 564 L'art de dessiner les Plans, Profils, Elévations & Perspectives, soit d'Architecture Militaire ou Civile. *Par.* 1697. *in* 12.

" 15. 565 Descript. des Maisons de campagne de Pline, par Felibien des Avaux. *Par.* 1699. *in* 12. *fig.*

" 10. 566 Studio di Pittura, Scoltura & Architettura, nelle Chiese di Roma, da Fil. Titi. *Roma* 1674. *in* 12.

" 19. 567 L'ombre du Grand Colbert, le Louvre, & la Ville de Paris, Dialogue (au sujet des nouveaux Ouvrages

Ouvrages d'Architecture ;) (par M. de la Font.) *La Haye* 1749. *in* 12.

568 Méthode de fortifier les plus grandes Villes ; avec des Differt. fur la Machine de Marly, & fur les Pompes du Pont N. D. & de la Samarit. par de la Jonchere. *Par.* 1718. *in* 12 *fig.* ... 1 . 6 .

569 Les Arts de l'Homme d'Epée, ou Dictionn. du Gentilhomme, par Guillet. *Par.* 1682. *3. tom. en* 2. *v. in* 12. ... 3 . "

570 Stratagémes & Rufes de Guerre, tirés des Hiftoriens, par de la Fé. *Par.* 1694. *in* 12. ... 1 . "

571 Traité des Armes, des Machines de Guerre, des Feux d'Artifice, des Enfeignes, & des Inftrumens Militaires; par de Gaya. *Par.* 1678. *in* 12. *fig.* ... 1 . 19 .

572 Effai fur la Caftramétation, ou fur la mefure & le tracé des Camps; par M. le Blond. *Par.* 1748. *in* 8. *fig.* ... 3 . "

573 L'Ecuyer François, par de B. *Par.* 1682. *in* 8. *fig.* ... 1 . 13 .

574 Connoiffance des Chevaux, & l'art de monter à Cheval; par Liger. *Par.* 1712. *in* 8. *fig.* ... 2 . 1 .

575 Le Maréchal expert, par N. Beaugrand. *Par.* 1622. *in* 8. ... " 10 .

576 Le parfait Maréchal, par de Solleyfel. *Par.* 1693. *in* 4. *fig.* ... 6 . "

577 La Vénerie Royale, par de Salnove. *Par.* 1665. *in* 4. ... 7 . 19 .

578 Rufes innocentes pour la Chaffe & la Pêche, par le Solitaire Inventif. *Par.* 1688. *in* 4. *fig.* ... 6 . 9 .

579 Traité des Chaffes, de la Vénerie & Fauconnerie. *Par.* 1681. *in* 12. ... " 10 .

580 L'art de toute forte de Chaffe & de Pêche. *Lyon* 1730. 2. *v. in* 12. ... 5 . 10 .

581 Maifon Académiq. des Jeux. *Lyon* 1674. *in* 12. ... " 10 .

582 Académie univerfelle des Jeux. *Par.* 1718. 2. *v. in* 12. ... 4 . 10 .

F

BELLES-LETTRES.

I. *Grammaire, & Rhétorique.*

" 12 . 583 CLENARDI Inftitut. Linguæ Gr. ex edit. Voffii. *Amft. Elzevir.* 1651. *in* 8.

1. 10 . 584 Abrégé de la Méthode Grecque (de Lancelot.) *Par.* 1682. *in* 12.

1. " 585 Les Racines Grecques, (par Lancelot.) *Par. le Petit,* 1664. *in* 12.

" 11 . 586 Méthode pour commencer les Humanités Grecques & Latines, par Tanneguy le Févre. *Par.* 1701. *in* 12.

66 . " 587 Suidæ Lexicon Gr. Lat. ex edit. Kufteri. *Cantabr.* 1705. 3. *v. in fol.*

30 . " 588 Scapulæ Lexicon Gr. Lat. *Amft. Elzevir.* 1652. *in fol.*

4. 2. 589 Schrevelii Lexicon Gr. Lat. & Lat. Gr. *Amft.* 1685. *in* 8.

" 12 . 590 Lexicon Græco-Latino-Gallicum. *Lugd.* 1678. *in* 8.

5. " 591 Terentius Varro de Lingua Latina, & de Re Ruftica, cum notis Scaligeri & alior. *Apud H. Steph.* 1573. 2. *v. in* 8.

86 . 5. 592 Rob. Stephani Thefaurus Linguæ Latinæ : nova editio auctior. *Lond.* 1734. & 1735. 4. *v. in fol.*

2. 11 . 593 Calepini Dictionarium octolingue. *Lugd.* 1663. 2. *v. in fol.*

10 . " 594 Idem. *Lugd.* 1681. 2. *v. in fol.*

2. 19 . 595 Voffii Etymologicon Linguæ Latinæ. *Amft.* 1662. *in fol.*

" 10 . 596 Daufquii Orthographia Latini Sermonis. *Par.* 1677. *in fol.*

597 Essai sur la maniere de traduire les Noms pro-   " 14.
pres François en Latin, par du Pont. *Par.* 1710.
in 12.

598 Danetii Dictonarium Latino-Gallicum. *Lugd.*
1712. *in* 4.   18. 1.
599 Dictionnaire Franç. & Latin, par Danet. *Lyon*
1713. *in* 4.

600 Colloques ou Dialogues, & Dictionnaire en   1. 3.
six Langues, Lat. Fr. Allem. Esp. Ital. & An-
glois. *Geneve. in* 12. *oblong.*

601 Observat. de l'Acad. Fr. sur les Remarq. de   1. 16.
Vaugelas. *Par.* 1704. *in* 4.

602 Maniere de parler la Langue Franç. selon ses   1. 4.
différens styles, avec la Critiq. de nos plus célé-
bres Ecrivains, en prose & en vers. *Lyon* 1697.
in 12.

603 L'art de bien parler François; (par de la Tou- 2. 10.
che.) *Amst.* 1720. 2. *v. in* 12.

604 Des Tropes, ou des différens sens d'un même   3. "
mot dans une même Langue, par M. du Marsais.
Par. 1730. *in* 8.

605 Trésor de Recherches & Antiquités Gauloises   7. 10.
& Françoises, par ordre alphab. par P. Borel.
Par. 1655. *in* 4.

606 Dictionnaire Franç. par P. Richelet. *Geneve*   9. 19.
1710. 2. *v. in* 4.

607 Dictionnaire général & curieux, par Cesar de   5. 1.
Rochefort. *Lyon* 1684. *in fol.*

608 Dictionnaire François, d'Ant. Furetiere; aug-   31. "
menté par Basnage de Bauval. *Rotterd.* 1701.
3. *v. in fol.*

609 Recueil des Piéces de Furetiere & de l'Acad.
Fr. *Par.* 1686. *in* 12.   2. "
610 Factums & autres Piéces contre l'Acad. Fr.
par Furetiere. *Amst.* 1688. *in* 12.

611 Dictionnaire des Arts & des Sciences, de Th.   20. 19.
Corneille; augmenté. *Par.* 1732. 2. *v. in fol.*

2. 11. 612 Dictionnaire de Rimes, par Richelet. *Par.* 1692. *in* 12.

2. 19. 613 Etymologie ou explic. des Proverbes François, par Fleury de Bellingen. *La Haye* 1656. *in* 8.

6. 19. 614 Dictionnaire des Proverbes François. *Bruffel* 1710. *in* 8.

1. 16. 615 Abrégé du Dictionnaire des Précieufes, ou la Clef de la Langue des Ruelles. *Par.* 1660. *in* 12.

1. " 616 Dictionnaire Néologique, (par l'Ahbé des Fontaines.) 1726. *in* 12.

3. 15. 617 Méthode Ital. & Efpagnole, (par Cl. Lancelot.) *Par. le Petit,* 1660. *in* 12.

1. 16. 618 Le Maître Italien, per Veneroni. *Par.* 1700. *in* 12.

3. " 619 Vocabolario de gli Academici della Crufca. *Venezia* 1623. *in fol.*

4. " 620 Dictionn. Ital. Franç. & Franç. Ital. par Duez. *Leide, Elfevir,* 1660. 2. *tom. en* 1. *v. in* 8.

11. " 621 Dictionnaire Italien & Franç. par Veneroni. *Par.* 1723. *in* 4.

3. 9. 622 Grammaire Efpagnole & Franç. par Soqrino. *Brux.* 1732. *in* 8.

5. 2. 623 Dictionnaire Efpagnol & Franç. par Fr. Sobrino. *Brux.* 1705. *in* 4.

1. 7. 624 Proverbes Efpagnols, en Efp. & en Fr. par Oudin. *Par.* 1659. *in* 12.

3. " 625 Grammaire Franç. Angloife, & Angl. Franç. par Mauger. *La Haye* 1713. *in* 8.

1. 10. 626 Rhétorique d'Ariftote, trad. par Caffandre. *Par.* 1675. *in* 12.

4. 10. 627 Quintiliani Inftitutiones Oratoriæ. *Par. R. Suphan.* 1542. *in* 4.

9. 19. 628 Quintilien de l'Inftitution de l'Orateur, trad. par Gedoyn. *Par.* 1718. *in* 4.

1. 4. 629 Rhétorique, ou l'art de parler, par Bern. Lamy. *Par.* 1701. *in* 12.

630 Réflex. sur l'usage de l'Eloquence de ce temps, (par Rapin.) *Par.* 1671. *in* 12.
631 Dialogues sur l'Eloquence, par M. de Fenelon. *Par.* 1718. *in* 12.   1. 2.

632 De l'action de l'Orateur, ou de la prononciation & du geste, (par le Faucheur;) publié par Conrart. *Par.* 1657. *in* 12.   " 12.

633 Demosthenis & Æschinis Opera, Gr. Lat. *Basil.* 1572. *in fol.*   7. 19.

634 Philippiques de Demosthene, trad. avec des remarq. par Tourreil. *Par.* 1701. *in* 4.   2. 10.

635 Ciceronis Opera. *Amst. Blaeu,* 1659. 10. *v. in* 12.   10. 9.

636 Ciceronis Opera, cum Variorum notis, ex recensione Verburgii. *Amst.* 1724. 12. *v, in* 8.   31. 2.

637 Ciceronis Epistolæ ad Atticum, ad Brutum, ad Quintum fratrem, cum scholiis Manutii. *Par. R. Steph.* 1543. *in* 8.   " 10.

638 Ciceronis Epistolæ ad Atticum & Quintum fratrem. *Lugd. Gryph.* 1551. *in* 16.
639 Cicero de Officiis, de Senectute, de Amicitia, Somnium Scipionis, & Paradoxa. *Amst. Blaeu,* 1656. *in* 12. *mar.*   2. 7.

640 Iidem Ciceronis Libri. *Amst. Elzevir.* 1677. *in* 12. *mar.*   9. 19.

641 Ciceron des Offices, de la Vieillesse, de l'Amitié, & Paradoxes, Lat. & Fr. avec des notes, par du Bois. *Par.* 1698. 2. *v. in* 12.   9. 10.

642 Conciones & Orationes, ex Historicis Latinis excerptæ. *Amst.* 1683. *in* 12.   " 16.

643 Jac. de la Baune Panegyricus Senatui Galliarum dictus. *Par.* 1685...... Explic. de l'Appareil pour la Harangue en l'honneur du Parl. de Paris. *Ibid. avec les Blasons. in* 4. *G. P. mar.*   9. 5.

644 Recueil de Piéces d'Eloquence & de Poësie, présentées à l'Acad. Fr. pour les Prix depuis 1673. jusqu. 1747. incl. *Par.* 32. *v. in* 12.   18. "

2 . 8 . 645 Recueil des Harangues de l'Acad. Fr. *Par.* 1698. *in* 4.

11 . *"* 646 Recueil d'Oraisons funèbres. 3. *v. in* 4.

II. *Poëtique; Poëtes Grecs, Latins, François, Italiens, Espagnols, & Anglois.*

" 12 . { 647 Poëtique d'Aristote, trad. par de Norville. *Par.* 1671. *in* 12.

648 Réflex. sur la Poëtique d'Aristote, & sur les Ouvrages des Poëtes, (par Rapin.) *Par.* 1674. *in* 12.

4 . 5 . 649 Réflexions critiq. sur la Poësie & sur la Peinture, par du Bos. *Par.* 1733. 3. *v. in* 12.

2 . *"* 650 Du Poëme Epique, par le Bossu. *Par.* 1708. *in* 12.

5 . 2 . { 651 Dissert. sur la Poësie pastorale, par Genest. *Par.* 1707. *in* 12.

652 Pratique du Théatre, par l'Abbé d'Aubignac. *Amst.* 1715. 2 *v. in* 8. *G. P.*

1 . 16 . 653 Le Comédien, par M. Remond de Sainte-Albine. *Par.* 1747. *in* 8.

1 . *"* 654 Homerus, Gr. Lat. *Geneve.* 2. *v.* 16.

4 . 10 . 655 L'Iliade & l'Odyssée d'Homere, trad. par de la Valterie. *Par.* 1709. 4. *v. in* 12. *fig.*

16 . 1 . 656 L'Iliade d'Homere, trad. avec des remarq. par Mad. Dacier. *Par.* 1711. 3. *v. in* 12. *mar.*

1 . 17 . 657 L'Iliade, Poëme de M. de la Motte. *Par.* 1714. *in* 8. *fig.*

2 . 11 . 658 Dissert. critiq. sur l'Iliade d'Homere, par l'Abbé Terrasson. *Par.* 1715. 2. *v. in* 12.

" 16 . 659 Apologie d'Homere, & Bouclier d'Achille, par Boivin. *Par.* 1715. *in* 12. *fig.*

2 . 10 . 660 Oppianus de Piscatu & Venatione, Gr. Lat. *Par.* 1555...... Idem Oppianus de Venatione, Gr. Lat. cum comment. Bodini. *Ibid. in* 4.

41 . 19 . 661 Théatre des Grecs, par le P. Brumoy. *Par.* 1730. 3. *v. in* 4. *G. P.*

662 Œdipe, Tr. de Sophocle ; & les Oiseaux , Com. d'Aristophane; trad. par Boivin. *Par.* 1729. *in* 12. — 2 . 10.

663 Aristophanes Gr. Lat. cum Scaligeri & aliorum emendat. *Lugd. B.* 1624. *in* 12. — 4 . 1.

664 Aristophanes Latinè. *Basil.* 1539. *in* 8.
665 Le Plutus & les Nuées d'Aristophane , trad. avec des rem. par Mlle le Févre. *Par.* 1684. *in* 12. — 2 . 19.

666 Anthologia Gnomica , seu Sententiæ Comicorum Græcorum , Gr. Lat. interprete H. Stephano , cum duplici insuper interpretatione metrica ; per Christianum Egenolphum. *Ffurti* 1579. *in* 8. *fig. mar.* — 1 . 10.

667 Anacreon Gr. Lat. H. Stephani. *Par. Morel.* 1556...... Euripidis Hecuba, Iphigenia, & Medea , Latinè. *Par. Vascos.* 1544. *in* 8. — 2 . 2.

668 Idem Anacreon Gr. Lat. Henr. Stephani. *Par.* 1556...... Les Odes d'Anacreon , trad. en vers par Remy Belleau. *Par.* 1556. *in* 8. — 2 . 5.

669 Anacreon & Sapho , en Grec , avec la trad. & les remarq. de Mlle le Févre. *Par.* 1681. *in* 12. — 2 . "

670 Anacreon & Sapho , en Grec , avec la trad. en vers & des notes du Baron de Longepierre. *Par.* (*Holl.*) 1692. *in* 12. — 2 . 11.

671 Pindarus Gr. Lat. *Antverp. Plantin.* 1567. *in* 16. — 1 . 18.

672 Idylles de Bion & de Moschus , en Grec , avec la trad. & les remarq. du Baron de Longepierre. *Amst.* 1688. *in* 8. — 3 . "

673 Plautus , cum comment. Lambini. *Lugd.* 1577. *in fol.* — 1 . 6.

674 Plautus , *Amst.* 1630. *in* 24. — " . 16.

675 Plautus, cum notis Variorum. *Lugd. B.* 1645. *in* 8. *mar.* — 2 . 10.

676 Plautus, cum notis Varior. *Amst.* 1684. 2. *v. in* 8. — 15 . 12.

677 Comédies de Plaute , Lat. Fr. avec des remarq. — 3 . 10.

par Mlle le Févre (depuis Mad. Dacier.) *Par*
1683. 3. *tom. en* 2. *v. in* 12.

21 . 12 . 678 Plaute Lat. Fr. avec des remarq. par de Li-
miers. *Amft.* 1719. 10. *v. in* 12. *fig.*

,, 12 . { 679 Terentius. *Lugd. ap. Paganum. in* 8.
{ 680 Terentius , cum notis Farnabii. *Amft.* 1651.
in 12.

4 . 10 . 681 Comédies de Terence , Lat. Fr. avec des re-
marq. par Mad. Dacier. *Par.* 1688. 3. *v. in* 12.

5 . 12 . 682 Terentio , commentato da Fabrini. *Venet. al-
l'infegna del Gatto* , 1594. *in* 4.

2 . 10 . 683 Lucretius. *Venet. Aldus* , 1515. *in* 8.

4 . ,, 684 Lucretius , ex edit. & cum notis Thomæ
Creech. *Oxon.* 1695. *in* 8.

4 . 19 . 685 Lucrece , Lat. Fr. avec des remarq. par des
Couftures. *Par.* (*Holl.*) 1692. 2. *v. in* 12.

1 . ,, 686 Catullus , Tibullus & Propertius , cum notis
Scaligeri. *Par. Patiffon.* 1577. *in* 8.

,, 10 . 687 Catullus, Tibullus & Propertius. *Lugd. Gryph.*
1573. *in* 16.

,, 19 . 688 Iidem. *Amft.* 1626. *in* 24.

5 . 1 . 689 Catullus , Tibullus & Propertius , (ex edit.
Mic. Brochard.) *Par.* 1723. *in* 4.

,, 16 . 690 Catulle Lat. Fr. avec des remarq. par de Ma-
rolles. *Par.* 1653. *in* 8.

8 . ,, { 691 Tibullus , cum notis ; (ex edit. Broukhufii.)
{ *Amft.* 1708. *in* 4. *fig.*
{ 692 Propertius , cum notis , ex fecunda edit. ejufd.
Broukhufii. *Amft.* 1727. *in* 4.

,, 10 . 693 Virgilius. *Geneva* 1608. *in* 16.

1 . ,, 694 Virgilius. *Vindocini* 1706. *in* 12.

20 . 19 . 695 Virgilius, cum notis Variorum. *Lugd. B.* 1680.
3. *v. in* 8.

3 . 19 . 696 Virgile, trad. avec des remarq. par de Marol-
les. *Par.* 1649. *in fol. fig. de Chauveau* , G. P.

,, 10 . 697 L'Enéïde de Virgile , trad. en vers par de Ma-
rolles. *Par.* 1671. *in* 4.

698

698 Virgilio, commentato da Fabrini, Malatesta & Venuti. *Venet.* 1615. *in fol.*   5. „

699 Remarq. sur Virgile & sur Homere, (par Faydit.) *Par.* 1705. *&* 1710. 2. *v. in* 12.   3. 12.

700 Horatius. *Lugd.* 1606. *in* 16. - - - -   } 1. 10.
701 Horatius. *Hamburgi* 1733. *in* 12. - - - - }

702 Horace Lat. Fr. avec des remarques par Dacier. *Amst.* 1727. 10. *v. in* 12.   18. 5.

703 Opere d'Oratio, commentate da Gio. Fabrini. *Venet. all'insegna del Gatto*, 1587. *in* 4.   8. „

704 Odes d'Horace en vers burlesques. *Par.* 1653. *in* 4.   3. 2.

705 Recueil de diverses Piéces d'Horace, Ovide, Seneque, Martial, & Catulle, trad. en vers par le Président Nicole. *Par.* 1657. *in* 12.   2. „

706 Ovidius. *Par.* 1613. *& Antverp.* 1595. 3. *v. in* 16.   „ 10.

707 Ovidius. *Amst.* 1701. 3. *v. in* 24. - - -   2. 10.

708 Ovidius, cum notis Variorum, ex edit. Burmanni. *Amst.* 1727. 4. *v. in* 4.   29. „

709 Ovide Lat. Fr. avec des remarques par de Marolles. *Par.* 1660. 7. *v. in* 8.   4. „

710 L'art d'aimer, d'Ovide, trad. en vers par le P. Nicole. *Par.* 1664. *in* 12.   „ 10.

711 Epîtres d'Ovide, trad. en vers avec des remarq. par de Meziriac. *Bourg en Bresse* 1626. *in* 8.   1. „

712 Epîtres & Elégies d'Ovide, trad. en vers, (par Barrin.) *Par.* 1676. *in* 12.   „ 15.

713 Métamorphoses d'Ovide, Lat. Fr. avec des explic. par P. du Ryer. *Brux.* 1677. *in fol. fig.*   14. 1.

714 Les mêmes, en Fr. de la même trad. *La Haye* 1728. 4. *v. in* 12. *fig.*   9. 16.

715 Les mêmes, trad. avec des remarques, par de Bellegarde. *Par.* 1701. 2. *v. in* 8. *fig.*   5. „

716 Les mêmes, en Rondeaux, par de Bensserade. *Amst.* 1697. 2. *v. in* 8. *fig.*   4. 12.

G

4 . 1 . 717 Ovide Bouffon, ou les Métamorphoses traveſties en vers burleſques, par L. Richer. *Par.* 1662. *in* 12.

" . 10 . 718 Juvenalis & Perſius, cum notis Farnabii. *Amſt.* 1631. *in* 12.

" . 10 , 719 Juvenalis & Perſius, cum notis Farnabii. *Amſt.* 1650. *in* 12.

2 . 1 . 720 Juvenalis & Perſius, cum notis Varior. *Lugd. B.* 1664. *in* 8.

7 . 2 . 721 Iidem, cum notis Varior. *Amſt.* 1684. *in* 8.

9 . 1 . 722 Perſe & Juvenal Lat. F. par Tarteron. *Par.* 1698. *in* 12.

2 . 1 . 723 Juvenal Burleſque, par Colletet fils. *Par.* 1657. *in* 12.

" . 11 . 724 Senecæ Tragœdiæ. *Apud Raphel.* 1612. *in* 24.

11 . 19 . 725 Seneca Tragicus, cum notis Varior. ex edit. Schroderi. *Delphis* 1728. *in* 4.

9 . 1 . 726 Lucanus, cum notis Varior. *Amſt.* 1658. *in* 8.

1 . 10 . 727 Pharſale de Lucain, trad. en vers par de Brebeuf. *Par.* 1669. *in* 12. *fig.*

" . 10 . { 728 Silius Italicus. *Apud Raphel.* 1611. *in* 24.
{ 729 Phædrus, cum notis & indice Freinshemii. *Argent.* 1664. *in* 8.

1 . " . 730 Phædrus, & Syrus, cum notis Tanaq. Fabri. *Salmur.* 1664. *in* 12.

9 . 15 . 731 Phædrus, cum notis Variorum. *Amſt.* 1667. *in* 8. *fig.*

2 . " . 732 Martialis, cum comment. Calderini. *Mediol.* 1483. *in fol.*

2 . " . 733 Martialis, cum comment. Diverſorum, & Indice Langii. *Par.* 1601. *in* 4.

9 . " . 734 Martialis, cum notis Farnabii. *Sedani,* 1624. *in* 8.

1 . " . 735 Martialis, cum notis Farnabii. *Amſt.* 1670. *in* 12.

736 Martialis, cum notis Variorum. *Lugd. B.* 1656. 9 . 10 .
  in 8.

737 Claudianus, cum notis Varior. *Amst.* 1665. 7 . 4 .
  in 8.

738 Ausonius. *Amst.* 1621. *in 24.* - - - 1 . 5 .

739 Ausonius, cum notis Floridi, in usum Ser. 7 . 19 .
  Delphini ; ex edit. J. B. Souchay. *Par.* 1730.
  in 4.

740 Prudentius. *Amst.* 1625. *in 24.* - - - - " 18 .

741 Poëtæ Latini Rei Venaticæ Scriptores, & Bu- 12 . 5 .
  colici antiqui, cum notis Variorum ; ex edit.
  Kempheri. *Lugd. B.* 1728. *in 4.*

742 Pastorales de Nemesien & de Calpurnius, Lat. 9 . 4 .
  Fr. avec des remarq. *Brux.* 1744. *in 8.*

743 Priapeia, cum comment. Scioppii & aliorum. 6 . 1 .
  Patavii 1664. *in 8.*

744 Epigrammatum delectus. *Lond.* 1686. *in 8.* - 2 . 11 .

745 Vulteii Epigrammata & Xenia. *Lugd.* 1537...... 1 . 11 .
  Ducherii Epigrammata. *Ibid. in 8.*

746 Porcelii, Basinii, & Trebani Opuscula poë- 1 . 10 .
  tica. *Par. Colin.* 1539. *in 8.*

747 Pauli Hofheimeri Harmoniæ poëticæ. *Norimb.* 2 . 10 .
  1539. *in 8.*

748 Sabini Poëmata & Epistolæ. *Lipsiæ* 1558. *in 8.* 9 . 19 .

749 Vidæ Opera. *Antverp.* 1566. *in 12.* - - · 1 . 18 .

750 Jof. Scaligeri Iambi Gnomici. *Lugd. B.* 1607.
  in 8.
                                                    } 2 . "
751 Buchanani Poëmata. *Salmurii* 1621. *in 24.*

752 Marcelli Palingenii (P. Ang. Manzoli) Zodia- " 10 .
  cus vitæ. *Par.* 1580. *in 16.*

753 Scævolæ Sammarthani Opera poëtica, & Elo- 1 . 2 .
  gia. *Par.* 1616. *in 8.*

754 Pleurrei Æneïs sacra, de Actis Christi & pri- 9 . "
  morum Martyrum, Virgiliocentonibus conscripta.
  Par. 1618. *in 4.*

755 Speræ Virgiliocento de Passione Christi. *Neap.* 9 . 4 .
  1647. *in 4.*

1. 10. 756 Jac. Falconis Opera poëtica. *Barcinone* 162... in 8. *non relié.*

" 16. 757 Bidermani Epiftolæ Heroum , Epigrammata, & Herodias. *Antverp.* 1634. *in* 24.

" 16. { 758 Jofephi Silos Mufa Canicularis, five Icones poëticæ , & Epigrammata. *Par.* 1652. *in* 16.

759 Cl. Quilleti Callipædia , feu de pulchræ prolis habendæ ratione Poëma. *Par.* 1656. *in* 8. *br.*

8. " 760 Eadem Quilleti Callipædia , cum reftitutis verfibus ex editione Lugduno-Batava : accedit Scævolæ Sammarthani Pædotrophia. *Lond.* 1708. *in* 8.

3. " 761 Philomathi (Fabii Chifii , poftea Alexandri VII. Papæ) Mufæ juveniles. *Colon. Ubior.* 1645. *in* 8.

" 11. 762 Jac. Savary Leges Venationis, verfibus. *Cadom.* 1659. *in* 4.

1. 1. 763 Rapini Horti. *Par.* 1660. *in* 12.

3. 15. 764 Rapini Horti; Meurfii Arboretum facrum; Ang. Politiani Rufticus ; & alia ejufd. argumenti. *Ultraj.* 1672. *in* 8.

1. " 765 Menagii Poëmata : 7. edit. *Par.* 1680. *in* 12.

3. 5. { 766 Lengleti Carmina. *Par.* 1676. *in* 8.

767 Santolii Carmina. *Par.* 1698. *in* 12.

3. 10. 768 Œuvres de Santeuil, avec les traductions recueillies par Pinel de la Marteliere. *Par.* 1698. *in* 12.

2. " 769 Ferdinandi de Furftenberg Epifc. Monafter. Poëmata. *Par. ex Typ. R.* 1684. *in fol. G. P.*

1. 11. 770 Huetii & Fraguerii Carmina. *Par.* 1729. *in* 12.

4. 1. 771 Nicols de Literis inventis , cum notis. *Lond.* 1711. *in* 8.

1. 10. 772 Penfées ingénieufes ou Epigrammes d'Owen, trad. en vers par le Brun ; avec le Latin à côté. *Par.* 1710. *in* 12.

{ 773 Œuvres de Villon. *Par.* 1723. *in* 8.

774 Poëfies de Coquillart. *Par.* 1723. *in* 8.

775 Poëfies de Martial de Paris dit d'Auvergne. *Par.* 1724. 2. *v. in* 8.

776 Poësies de Cretin. *Par.* 1723. *in* 8.

777 Farce de Pathelin, avec son Testament à quatre personnages. *Par.* 1723. *in* 8.

778 Légende de Faifeu, mise en vers par Ch. Bourdigné. *Par.* 1723. *in* 8.

779 Œuvres de Jean Marot. *Par.* 1723. *in* 8.   15. "

780 Œuvres de Clement Marot. *Lyon, à l'enseigne du Rocher,* 1545. *in* 8.   2. '

781 Œuvres de Jean, Clement & Michel Marot; avec les addit. & les remarq. du Cheval. Gordon de Percel, (l'Abbé Lenglet.) *La Haye* 1731. 4. *v. in* 4.   99. "

782 Œuvres poëtiq. de Mellin de Saint-Gelais. *Lyon* 1574. *in* 8.   1. 1.

783 Les mêmes. *Par.* 1719. *in* 12.   9. "

784 Fabri Pibracii Tetrasticha Gallica, cum versione Gr. & Lat. metrica per Flor. Christianum. *Par.* 1584. *in* 4.   " 16.

785 Satyres & Œuvres de Mathurin Regnier. *Par.* 1661. *in* 12.   " 10.

786 Les mêmes ; avec les remarq. de Claude Brossette. *Lond.* 1729. *in* 4. *G. P. fig.*   24. "

787 Poësies de Malherbe, avec les observat. de Ménage. *Par.* 1666. *in* 8.   9. 10.

788 Poësies burlesques de Loret. *Par.* 1647. *in* 4.   9. 2.

789 Poësies de P. le Moyne. *Par.* 1650. *in* 4.   1. 11.

790 Œuvres de Gerard de Saint-Amant. *Par.* 1651. *in* 4.   6. 6.

791 Rome ridicule, en vers, par de Saint-Amant. *In* 4.   1. 10.

792 Epigrammes de Gombauld. *Par.* 1657. *in* 12.   2. 1.

793 S. Louis, Poëme héroïque du P. le Moyne. *Par.* 1658. *in* 12. *fig.*   1. 12.

794 Poësies & œuvres galantes du Sr de C... *Par.* 1661. *in* 12.   1. 12.

795 Poësies galantes & héroiques de Tristan l'Hermite. *Par.* 1662. *in* 4. *fig.*   " 19.

796 Poësies de Furetiere. *Par.* 1664. *in* 12.

797 Poëme de la Madelaine, par Pierre de S. Louïs Carme. *Lyon* 1700. *in* 12.

798 Contes & Nouvelles en vers, par de la Fontaine. *Amst.* 1685. 2. *tom. en* 1. *v. in* 8. *fig. mar.*

799 Fables en vers, par le même. *Amst.* 1693. 5. *tom. en* 1. *v. in* 8. *fig. mar.*

800 Les mêmes, avec le comment. de Coste. *Par.* 1745. 2. *tom. en* 1. *v. in* 12.

801 Œuvres diverses du même. *Par.* 1729. 3. *v. in* 8.

802 Œuvres de Nic. Boileau Despreaux, avec les éclaircissemens de Cl. Brossette. *Amst.* 1718. 2. *v. in* 4. *fig. de Picart.*

803 Les mêmes : nouv. édit. avec les éclairc. de Bossette ; augmentée de plusieurs piéces & de remarq. par M. de Saint-Marc. *Par.* 1747. 5. *v. in* 8. *G. P. fig.*

804 Les IX. premieres Satyres de Boileau Despreaux. *Par.* 1668. *in* 8.

805 Le Poëte sans fard, ou Discours satyriq. (par Gacon.) *Col.* 1696. *in* 12.

806 Poësies Fr. Ital. Esp. & Lat. de Regnier Desmarais. *Par.* 1708. 2. *v. in* 12.

807 Poësies Franç. du même. *La Haye* 1721. 2. *v. in* 12.

808 La Muse Mousquetaire du Chevalier de Saint Gilles. *Par.* 1709. *in* 12.

809 Odes d'Houdart de la Motte. *Par.* 1711. *in* 8.

810 Fables en vers, du même. *Par.* 1719. *in* 4. *fig. G. P.*

811 Poësies de l'Abbé de Chaulieu & du M. de la Fare. *La Haye* 1731. *in* 12.

812 Poësies de M. de la Monnoye, publiées par de Sallengre. *La Haye* 1716. *in* 8.

813 Les trois Chiens, Conte en vers. *Par.* 1722. *fig* .... Histoire des Rats, (par le S. Bourdon)

Ratopolis 1737. *in* 8. *fig.*

814 Le Vice puni, ou Cartouche, Poëme (de Grand-val.) *Anvers* (*Par.*) 1725. *in* 8. 4. „

815 Oeuvres diverses de Vergier. *Amst.* 1726. 2. *tom. en* 1. *v. in* 12. 6. „

816 Contes & Nouvelles en vers, du même. *Par.* (*Holl.*) 1727. 2. *v. in* 8. 4. 5.

817 Epigrammes, Madrigaux, & Chansons, par le Brun. *Par.* 1714. *in* 8. 9. 19.

818 Fables en vers, par le Brun. *Par.* 1722. *in* 12. 1. „

819 Oeuvres de Rousseau. *Soleure* 1712. *in* 12. - 1. 10.

820 Les mêmes ; avec l'Anti-Rousseau de Gacon. *Rotterd.* 1712. 3. *v. in* 12. 15. 5.

821 Les mêmes. *Amst.* 1726. 4. *tom. en* 3. *v. in* 12. 11. 1.

822 Oeuvres mêlées de M. de la Grange. *La Haye* 1724. *in* 8. 1. 18.

823 Fables en vers, par Richer. *Par.* 1744. *in* 8. 1. 1.

824 Les mêmes. *Par.* 1748. *in* 12. - - - 2. 14

825 La Henriade, Poëme de M. de Voltaire ; avec des notes. *Lond.* 1730. *in* 8. 2. „

826 L'Eléve de Terpsicore, ou le Nourrisson de la Satyre, (par M. de Boissy.) *Amst.* 1718. *in* 12. 1. 10.

827 Oeuvres de M. Gresset. *Lond.* 1748. 2. *v. in* 12. 6. „

828 Poësies diverses de M. Gresset, & d'autres Auteurs. *In* 12. 9. 6.

829 Poësies choisies de divers Auteurs. *Par.* 1653. *& suiv.* 4. *v. in* 12. *manq.* le 4. *tome.* 1. 10.

830 Délices de la Poësie galante, des plus célébres Auteurs. *Par.* 1666. 2. *v. in* 12. 1. „

831 Recueil de Poësies diverses. *Amst.* 1714. 2. *v. in* 12. 7. „

832 Recueil des Epigrammatistes François. *Amst.* 1720. 2. *v. in* 12. 4. 1.

833 Recueil d'Enigmes, en vers, par Gayot de Pitaval. *Par.* 1717. *in* 12. 1. 4.

834 Tragédies de Robert Garnier. *Par.* 1607. *in* 12.

835 Théatre François, ou Recueil des meilleures Piéces de Théatre. *Par*. 1738. 12. *v*. *in* 12.

836 Théatre de P. & Th. Corneille. *Par*. 1714. 10. *v*. *in* 12.

837 Oeuvres diverses de P. Corneille. *Par*. 1738. *in* 12.

838 Sentimens de l'Acad. Fr. sur le Cid, (par de Scudery.) *Par*. 1678. *in* 12. *mar*.

839 Entretien sur les Tragédies de ce tems. *Par*. 1675. *in* 12.

840 Oeuvres de Moliere. *Par*. 1710. 8. *v*. *in* 12.

841 Observat. sur la Comédie, & sur le génie de Moliere, par L. Riccoboni. *Par*. 1736. *in* 12.

842 Oeuvres de Racine. *Par*. 1728. 2. *v*. *in* 12.

843 Oeuvres de Montfleury. *Par*. 1705. 2. *v*. *in* 12.

844 Oeuvres de Champmeslé. *Par*. 1735. 2. *v*. *in* 12.

845 Théatre de Hauteroche. *Par*. 1736. 3. *v*. *in* 12.

846 Théatre de Baron. *Par*. 1736. 2. *v*. *in* 12.

847 Oeuvres de Regnard. *Rouen* 1731. 5. *v*. *in* 12.

848 Théatre de Brueys. *Par*: 1735. 3. *v*. *in* 12.

849 Oeuvres de Dancourt. *Par*. 1729. 9. *tom*. *en* 5. *v*. *in* 12.

850 Oeuvres de du Freny. *Par*. 1731. 6. *v*. *in* 12.

851 Théatre de le Grand. *Par*. 1731. 4. *v*. *in* 12.

852 Théatre d'Houdart de la Motte. *Par*. 1730. 2. *v*. *in* 8.

853 Oeuvres de M. de la Grange-Chancel. *Par*. 1735. 3. *v*. *in*. 12.

854 Oeuvres d'Autreau. *Par*. 1749. 4. *v*. *in* 12.

855 Théatre de M. de Crebillon. *Par*. 1717. *in* 12.

856 Oeuvres de Théatre de M. Destouches. *Par*. 1736. 5. *v*. *in* 12.

857 Oeuvres de Théatre de M. Nivelle de la Chaussée. *Par*. 1735. 2. *v*. *in* 12.

858 Oeuvres de Théatre de M. de Marivaux. *Par*. 1740. 4. *v*. *in* 12.

859

859 Oeuvres de Théatre de M. de Boiſſy. *Par.*
1738. *& ſuiv.* 7. *v. in* 8.

860 La Merope Françoiſe, avec quelques petites
Piéces de Litterature; (par M. de Voltaire.) *Par.*
1744. *in* 8.

861 Recueil de Pieces de Théatre de divers Au-
teurs modernes, au nombre de XXII. 3. *v. in* 8.

862 Liaſſe de Piéces de Théatre, ſçavoir Denys le
Tyran, T. de M. Marmontel; la Préſomption pu-
nie, C. la Diſpute, C. la Gouvernante, C. de
M. de la Chauſſée; le Marchand de Londres; les
Sermens indiſcrets, C de M. Marivaux; le Triom-
phe de l'Intéreſt, C. la Tragédie extravag. C.
de M. du Caſtre; l'Amant Auteur & Valet, C. &
Merope, T. de M. Clement. *In* 12. *en* 10. *broch.*

863 Liaſſe de Piéces de Théatre, ſçavoir, les Amans
déguiſés, C. de Dové; l'Echo du Public, C. les
Mariages mal aſſortis, C. l'Apparence trompeuſe,
C. de Merville; les Petits-Maîtres, C. la Coquette
fixée, C. Alzaide, T. de Linand; Coriolan, T.
de Richer; & la Mort de Bucephale, C. burleſ-
que. 9. *v. in* 8.

864 Liaſſe de Piéces de Théatre, ſçavoir, la Folie
du Jour, l'Apol. du ſiécle, le Mari Garçon, &
le Retour de la Paix, C. de M. de Boiſſy; les
Sauvages, Parodie d'Alzyre par MM. Romagneſi
& Riccoboni; & Caliſthene, T. de M. Piron.
In 8. *en* 6. *broch.*

865 Liaſſe de Piéces de Théatre, ſçavoir, l'Ecole
des Peres, C. de M. Darnoncour *M S.* la Co-
quette fixée, C. Sabinus, T. de Richer; la Vé-
rité Fabuliſte, C. de M. de Launay; Sidney,
C. de M. Greſſet. *In* 8. *en* 5. *broch.*

866 Liaſſe de Piéces de Théatre, Parodies, &c.
In 12. *en* 35. *broch.*

867 Théatre Italien de Gherardi. *Amſt.* 1701. 6.
v. in 12.

H

868 Nouveau Théatre Italien, avec le Supplem. les Parodies, & les Vaudevilles. *Par.* 1729. *& suiv.* 15. *v. in* 12.

869 Recueil général des Opera. *Par.* 1703. *& suiv.* 17. *v. in* 12.

870 Théatre de la Foire, ou l'Opera comique. *Par.* 1721. *& suiv.* 10. *v. in* 12.

871 Recueil des plus beaux Airs d'Opera, & autres Chansons nouvelles. (*Holl.*) 1695. 3. *v. in* 12.

872 Airs & Vaudevilles de Cour. *Par.* 1665. *in* 12.

873 Recueil de Chansons choisies notées; tom. I, & III. *La Haye* 1726. 2. *v. in* 12.

874 Dante, con l'espositione di Daniello. *Venet.* 1568. *in* 4. *mar.*

875 Il Dante. *Firenze* 1595. *in* 8.

876 Il Petrarcha, con l'espositione di Gesvaldo. *Venet. Giglio. in* 4.

877 Orlando furioso del Ariosto. *Venet.* 1544. *in* 4.

878 Il medesimo. *Venet.* 1577. *in* 24. *fig.*

878 * L'Aminta del Tasso. *Leida, Elsevier,* 1656. *in* 12.

879 Le Berger fidéle, en Ital. avec la trad. en vers, par l'Abbé de Torche. *Par.* 1667. *in* 12. *fig.*

880 La Philis de Scire, de Bonarelli, en Ital. & en Fr. *Brux.* 1707. 2. *v. in* 12. *fig. br.*

881 Poësie di Girol. Preti. *Perugia* 1638. *in* 12.

882 Il Cosmo, overo l'Italia trionfante, Poëma sacro dell'Abate Gio. Carlo Coppola. *Fiorenza* 1650. *in fol.*

883 Conquista di Granata, da Girol. Gratiani. *Par.* 1655. 2. *v. in* 12.

884 Rimas de Lopede Vega. *Madrid* 1609. *in* 18.

885 La Lusiade, Poëme du Camoens, trad. par M. du Perron de Castera. *Par.* 1735. 3. *v. in* 12. *fig.*

886 Le Paradis perdu, Poëme de Milton, avec les remarq. d'Addisson; trad. (par M. du Pré de

Saint-Maur.) *Par.* 1729. 3. *v. in* 12.

887 Le Paradis reconquis, Poëme du même Milton, trad. (par le même M. du Pré.) *Par.* 1730. *in* 12.

888 Principes de la Morale & du Goût, ou trad. en vers de Pope fur l'Homme & fur la Critique, par l'Abbé du Refnel. *Par.* 1737. *in* 8.

889 Le Théatre Anglois, (trad. par M. de la Place.) *Par.* 1745. *& fuiv.* 8. *v. in* 12.

890 Critique du Théatre Anglois, trad. de l'Anglois de Collier. *Par.* 1715. *in* 12.

891 Théatre Danois, de Louis Holberg, trad. par G. Furfman : tome I. *Copenhague* 1746. *in* 8.

III. *Mythologie, Fables, & Romans.*

892 Fulgentii Mythologia ; & Palæphatus de Fabulis, Latinè. *Bafil.* 1536. *in* 8.

893 Mythographi Latini, cum notis Varior *Amft.* 1681. 2. *v. in* 8.

894 Mythologie de Noël le Comte, trad. du Lat. par de Montlyard. *Lyon* 1607. *in* 4.

895 Imagini de gli Dei delli Antichi, da Vicenzo Cartari. *Padoua* 1615. *in* 4. *fig.*

896 Les Images des Dieux, trad. de l'Ital. de Cartari par du Verdier ; avec l'Hift. généal. des Dieux, par Laplonce Richette. *Lyon* 1610. *in* 8. *fig. fans frontifpice.*

897 Tableaux du Temple des Mufes, en 58. figures. *In fol.*

898 Hiftoire Poëtique, par Gautruche. *Par.* 1709. *in* 12.

899 Dictionnaire abrégé de la Fable, par P. Chompré. *Par.* 1727. *in* 12.

900 Fables Ital. & Fr. par Louis Pompe. *Par.* 1692. *in* 12. *fig.*

901 L'Afne d'or, d'Apulée, trad. avec des remarq.

60 **BELLES-LETTRES.**
(par l'Abbé de Saint-Martin.) *Par.* 1707. 2. *v.*
in 12. *fig.*

902 Bebelii, Poggii, & alior. Facetiæ. *Tubingæ*
1570. *in* 8.

903 Frifchlini & aliorum Facetiæ. *Amft.* 1651. *in* 12.

904 Sceltà di Facezie, di diverfi Autori. *Firenze*
1586. *in* 8.

905 Œuvres de Rabelais, avec les notes (de MM.
le Duchat & de la Monnoye.) *Amft.* 1711. 5.
v. in 8. *fig.*

906 Lettres du même, avec des remarq. de MM.
de Sainte-Marthe. *Bruff.* 1710. *in* 8.

907 Contes, Nouvelles, & joyeux Devis de des
Periers ; avec les Obfervat. de M. de la Monnoye
fur le Cymbalum Mundi. *Amft.* 1711. 2. *v. in* 12.

908 Contes & Difcours d'Eutrapel, (par Noël
du Fail Sr. de la Heriffaye.) *Rennes* 1585. *in* 8.

909 Les mêmes ; avec les Propos ruftiq. de Ladulfi,
(par le même du Fail.) 1732. 2. *v. in* 12.

910 Notti piacevole, di Straparola. *Venet.* 1608.
in 8. *fig.*

911 Les facétieufes Nuits de Straparole, trad. par
Louveau & de Larivey. *Amft.* 1725. 3. *v. in* 12.

912 Bigarures du Seigneur des Accords (Eft. Ta-
bourot ;) avec les Apophtegmes de Gaulard, &
les Efcraignes Dijonnoifes. *Par.* 1662. *in* 12.

913 Contes de Metel Sr. d'Ouville. *Amft.* 1732.
2. *v.* 12.

914 Heures perduës du Chevalier de Rior. *Par.*
1715. *in* 12.

915 Hift. comiq. de Francion, (par du Moulinet,
S. du Parc.) *Par.* 1630. *in* 8.

916 La même. *Leide* 1721. 2. *v. in* 12. *fig.*

917 Les Vifions de Quevedo, trad. de l'Efpagnol
par de la Genefte. *Rouen* 1663. *in* 12.

918 Œuvres de Quevedo, trad. de l'Efp. par Ra-
clote. *Bruff.* 1699. 2. *v. in* 12. *fig.*

919 Hift. de D. Quichotte, trad. de l'Efp. de Cervantes (par Filleau de Saint Martin ;) avec la continuation. *Par.* 1713. 6. *v. in* 12. *fig.*

920 Nouvelles Avantures de D. Quichotte, trad. de l'Efp. d'Avellaneda par le Sage. *Par.* 1704. 2. *v. in* 12. *fig.*

921 Hift. de Gil. Blas de Santillane, par le Sage. *Par.* 1715. 2. *v. in* 12. *fig.*

922 Vie de Pedrille del Campo, Roman comiq. dans le goût Efpagnol, par Thibault. *Par.* 1718. *in* 12. *fig.*

923 Semelion, Hift. véritable. 1715. *in* 12.

924 Les mille & une nuit, Contes Arabes, trad. par Ant. Galland. *Par.* 1704. & *fuiv.* 7. *v. in* 12.

925 Les mille & une Heure, Contes Peruviens. *Par.* 1734. 2. *v. in* 12.

926 Nouveaux Contes des Fées, par Mad. de M... (de Murat.) *Par.* 1724. *in* 12.

927 Le Geomyler, trad. de l'Arabe, (ou plutôt compofé par l'Abbé de Villars.) *Par.* 1729. 2. *tom. en* 1. *v. in* 12.

928 Féeries nouvelles. *La Haye* 1741. 2. *v. in* 12.

929 Contes Orientaux, tirés des MSS. de la Bibliot. du Roi. *La Haye* 1743. 2. *v. in* 12. *fig.*

930 Decamerone di Boccaccio. *Vinegia* 1550. *in* 4.

931 Decameron de Bocace, trad. par le Maçon. *Amft.* 1597. *in* 16.

932 Contes & Nouvelles de Bocace, rrad. de l'Ital. *Col.* 1712. 2. *v. in* 8. *fig.*

933 Les cent Nouvelles. *Col.* 1701. 2. *v. in* 8. *fig.*

934 Contes & Nouvelles de Marguerite de Valois Reine de Navarre. *Amft.* 1700. 2. *v. in* 8. *fig.*

935 Nouvelles de Cervantes, trad. de l'Efp. (par P. Heffein) *Amft.* 1709. 2. *v. in* 12. *fig.*

936 Euftathius de Ifmeniæ & Ifmenes Amoribus; Parthenii Erotica ; & Luciani Amores, Latinè. *Lugd. B.* 1618. *in* 8.

937 Tatius de Clitophontis & Leucippes Amoribus ; Longi Paftoralia ; & Parthenii Erotica ; Gr. Lat. *In 8.*

938 Hift. Ethiopiq. ou les Amours de Theagene & Chariclée, trad: d'Heliodore (par Amyot.) *Par. un tome en 2. v. in 8 fig.*

939 Les mêmes, trad. (par de Fontanelle.) *Amſt. 1727. 2. v. in 12.*

940 Amours Paft. de Daphnis & Chloé, trad. du Grec de Longus (par Amyot.) *Par. 1716. in 12. figures.*

941 Les mêmes, trad. par de Marcaffus. *Par. 1626. in 8. fig.*

942 Avantures d'Euphormion, trad. du Latin de Barclay & augmenté. *Anvers 1711. 3. v. in 12.*

943 La Diana de Jorge de Montemayor. *Venecia 1568. in 12.*

944 Obras de Jorge de Montemayor. *Anvers 1554 in 12.*

945 Vie de Lazarille de Tormes, en Efp. & en Fr. *Par. 1660. in 12.*

946 Nouvelles galantes & comiques, par D. V... *Par. 1669. 3. v. in 12.*

947 Les Amans heureux, malheureux, & trompés. *Amſt. 1702. 3. tom. en 1. v. 12.*

948 Théatre de l'Amour & de la Fortune, par Mlle Barbier. *Par. 1713. 2. v. in 12.*

949 Hiftoriettes galantes, tant en profe qu'en vers. *La Haye 1718. 2. v. in 8.*

950 Les Impératrices Romaines, par de Serviez. *Par. 1728. 3. v. in 12.*

951 Hift. des Favorites, (par Mlle de la Rocheguilhen.) *Amſt. 1700. 2. tom. en 1. v. in 12. fig.*

952 Les illuftres Françoifes, Hiftoires véritables. *La Haye 1737. 3. v. in 12.*

953 La Thefeide del Boccacci, ridotta in profa per Granucci. *Lucca 1579 .... Laberinto d'Amore,*

del medesimo Boccaccio. *In* 8.

954 Philocope de Boccace, conten. l'Hist. de Fleury & Blanchefleur, trad. de l'Ital. par Sevin. *Par.* 1555. *in* 8.

955 Hist. de Tirant le Blanc, trad. de l'Esp. *Lond.* (*Par.*) 2. *v. in* 8.

956 Hist. de Gerard Comte de Nevers, & d'Euriant de Savoye sa mye; avec les notes (de M. Gueullette.) *Par. in* 8.

957 L'Astrée d'Honoré d'Urfé; avec la clef. *Par.* 1733. 5. *v. in* 12. *fig.*

958 La nouvelle Amarante, par de la Haye. *Par.* 1633. *in* 8.

959 La Princesse de Montpensier, (par Mad. de la Fayette.) *Par.* 1662. *in* 12.

960 Œuvres de Mad. de Villedieu. *Par.* 1721. 12. *v. in* 12.

961 Vie de Henriette Sylvie de Moliere, (par la même.) *Par.* (*Holl.*) 1695. 5. *tom. en* 1. *v. in* 12.

962 Mem. du Serail sous Amurat II. par des Champs. *Par.* 1671. 3. *v. in* 12.

963 Mem. du Marquis d'Almacheu. *Amst.* 1677. 2. *tom. en* 1. *v. in* 12.

964 Mem. de la Connétable Colonne, écrits par elle-même. *Leide* 1678. *in* 12.

965 La Princesse de Cleves, (par M. de la Rochefoucault & Mad. de la Fayette.) *Par.* 1678. 4. *tom. en* 2. *v. in* 12.

966 Nouvelles d'Elizabeth R. d'Anglet. *Holl.* 1680. 2. *tom. en* 1. *v. in* 12.

967 Les Amours & Lettres d'Abailard & d'Heloïse. *Amst.* 1695. *in* 12.

968 Intrigues galantes de la Cour de France, depuis le commenc. de la Monarchie, (par Vanel.) *Col.* 1695. 2. *v. in* 12.

969 Mem. de la Comtesse D.... servant de ré-

ponſe aux Mem. de M. de Saint-Evremond ;
(par Mad. de Murat.) *Amſt.* 1698. *in* 8.

970 Le Comte de Warwick , par Mad. d'Aulnoy.
Par. 1740. 2. *tom. en* 1. *v. in* 12.

971 Guſtave Vaſa, Hiſt. de Suede. *Par.* 1725. 2.
tom. en 1. *v. in* 12.

972 Avantures de Télémaque , par M. de Fenelon.
La Haye 1711. *in* 12. *fig.*

973 Mem. du Marq. de Montbrun, (par de Cour-
tilz.) *Amſt.* 1701. *in* 12.

974 La Religieuſe intéreſſée , & le Comte de Clare.
Col. 1707.... L'Amour à la mode. *Holl.* 1706....
Avant. gal. par le Noble. *Brux.* 1706. *in* 12.

975 L'infortuné Napolitain , ou avantures de Ro-
zelli. *Par.* (*Holl.*) 1708. 2. *tom. en* 1. *v. in* 12.
figures.

976 L'art de plumer la poule ſans crier. *Cologne*
1710. *in* 12.

977 Les Tours de la Maltote. *In* 12.

978 Les Partiſans démaſqués. *Cologne* 1710. *in* 12.

979 Pluton Maltotier. *Cologne* 1712. *in* 12.

980 Avantures du Siége de Conſtantinople , par de
Saint-Jorry. *Par.* 1711. *in* 12.

981 Mem. du Comte de Grammont , par Hamil-
ton. *Col.* 1713. *in* 12.

982 Le Czar Demetrius , Hiſtoire Moſcovite, par
de la Rochelle. *La Haye* 1716. *in* 12.

983 La Beauté triomphante, ou les Caprices de la
Fortune , Hiſtoire galante. 1720. *in* 12.

984 Hiſt. & Amours de Sapho. *Par.* 1724. *in* 12.

985 Hiſt. de la Comteſſe de Gondez, écrite par
elle-même. *Par.* 1725. 2. *v. in* 12.

986 Le Solitaire Anglois , ou Avantures merveil-
leuſes de Phil. Quarll ; trad. de l'Anglois de Dor-
rington. *Par.* 1729. *in* 12.

987 Voyages de Cyrus , par Ramſay. *Lond.* 1730.
in 4.

988 Le Repos de Cyrus, (par l'Abbé Pernetti.)
Par. 1732. in 8. fig.

989 Anecdotes de la Cour de Philippe Auguste,
par Mlle de Luſſan. Par. 1733. & ſuiv. 6. v. in 12.

990 Mem. de la Marq. de Freſne, (par de Cour-
tilz.) Amſt. 1734. in 12. fig.

991 Mem. d'un Homme de Qualité, (par l'Abbé
Prevoſt.) Par. 1728. & ſuiv. 7. tom. en 4. v.
in 12.

992 Hiſt. de Cléveland, par le même. Par. 1731.
& ſuiv. 8. v. in 12.

993 Le Doyen de Killerine, par le même. Par.
1735. & ſuiv. 6. tom. en 3. v. in 12.

994 Mem. du Marquis d'Argens. Lond. 1735.
in 12.

995 Amuſemens des Eaux de Spa. Amſt. 1735. 2.
v. in 8. fig.

996 Amuſemens des Eaux d'Aix - la - Chapelle.
Amſt. 1736. 3. v. in 12. fig.

997 Amuſemens des Eaux de Schwalſbach, de Wiſ-
baden, & de Schlangenbad. Liege 1739. in 8. fig.

998 Les Amazones révoltées, Roman moderne, Co-
médie en 5. Actes ſur l'Hiſt. univerſelle & la Fa-
ble, avec des notes politiq. ſur les Travaux d'Her-
cule, la Chevalerie Militaire, la Découverte du N.
Monde, &c. Rotterd. 1738. in 12.

999 Voyage du Prince Fanferedin dans la Roman-
cie. Par. 1735. in 12.

1000 Avantures de Zelim & de Damaſine, Hiſt.
Africaine. La Haye 1735. 2. tom. en 1. v. in 12.

1001 Hiſt. du Prince Titi. Brux. 1736. 3. v. in 12.

1002 Le Bachelier de Salamanque, par le Sage.
Par. 1736. 2. v. in 12. fig.

1003 Hiſt. de Ranucio d'Aletes. Veniſe 1736. 2.
tom. en 1. v. in 12. fig.

1004 Hiſt. des Amours de Valerie, & du No-
ble Vénitien Barbarigo, trad. de l'Ital. Lau-

sanne 1741. 2. *tom. en* 1. *v. in* 12.

1005 Anti Pamela , ou Mem. de M. D. trad. de l'Anglois. *Lond.* 1742. *in* 12. *br.*

1006 Les Confessions du Comte de.... par M. D. C... *Amst.* 1742. 2. *tom. en* 1. *v. in* 12.

1007 Hist. & Avantures de ..... par Lettres. 1744. *in* 12.

1008 Mem. de Gaudentio di Lucca , trad. de L'Ital. avec des notes. 1746. 2. *v. in* 12.

1009 Hist. de la Princesse de Monferrat. *Lond.* 1749. *in* 12.

1010 Hist. d'une Femme de Qualité. *La Haye* 1749. *in* 12.

1011 Le véritable Ami , ou Vie de David Simple , trad. de l'Anglois. *Amst.* 1749. 2. *v. in* 12.

IV. *Critiques , & Philologues.*

1012 Du choix & de la méthode des Etudes, par Fleury. *Par.* 1686. *in* 12.

1013 Maniere d'enseigner & d'étudier les Belles-Lettres, par rapport à l'Esprit & au Cœur; par Rollin ; avec le supplément. *Par.* 1728. 5. *v. in* 12.

1014 Introduction à l'Etude des Sciences & des Belles Letres , en faveur des personnes qui ne sçavent que le François. *La Haye* 1731. *in* 8.

1015 J. Clerici Ars Critica. *Amst.* 1712. 3. *v. in* 8.

1016 Les Deipnosophistes d'Athenée , trad. par de Marolles. *Par.* 1680. *in* 4.

1017 Auli Gellii Noctes Atticæ. *Lugd. Gryph.* 1539. *in* 8.

1018 Joannis Saresberiensis Policraticus , sive de nugis Curialium & vestigiis Philosophorum; cum ejusd. Metalogico. *Lugd. B.* 1639. *in* 8.

1019 Le Chef d'Oeuvre d'un Inconnu, par Mathanasius , (M. de Saint-Hyacinthe.) *La Haye* 1714. *in* 8.

1020 Petrone, trad. avec des observat. (par No-
dot.) *Col.* 1687. *in* 12.

1021 Petrone Lat. Fr. avec des remarq. (par No-
dot.) 1709. 2. *v. in* 12. *fig.*

1022 Observat. sur le Petrone trouvé à Belgrade,
par Pelissier. *Par.* 1694. *in* 12. *mar.*

1023 Les Cesars de l'Emp. Julien, trad. par Ezech.
de Spanheim. *Amst.* 1728. *in* 4. *fig. de Picart.*

1024 Apologie pour Hérodote, par Henry Es-
tienne. 1566. *in* 8.

1025 Le Divorce céleste, trad. de l'Ital. (de Fer-
rante Pallavicino.) *Villefranche* 1644. *in* 12.

1026 Guerre des Auteurs Anciens & Modernes,
(par Gueret ;) avec la Requête & l'Arrêt en fa-
veur d'Aristote. *La Haye* 1671. *in* 12.

1027 Le Parnasse réformé, (par Gueret.) *Par.*
1674. *in* 12.

1028 De la Charlatanerie des Sçavans, trad. du La-
tin de Menken. *La Haye* 1721. *in* 8.

1029 Le Barbon, par Balzac. *Par.* 1648. *in* 8.

1030 Hist. de P. de Montmaur, par de Sallengre.
La Haye 1715. 2. *v. in* 8. *fig.*

1031 Le faux Aristarque reconnu, ou Lettres (de
Gayot de Pitaval) sur les Ouvrages de l'Abbé
des Fontaines. *Amst.* 1733. *in* 12.

1032 Le Temple du Goust, par (M. de Voltaire ;)
& Piéces à ce sujet. *In* 8. *en* 4. *broch.*

1033 Tympii Mensa Theolophilosophica, seu Con-
viviorum pulpamenta & condimenta suavissima ;
hoc est, Quæstiones symposiacæ, facetæ & seriæ.
Monasterii 1645. *in* 12.

1034 Amusemens sérieux & comiques, (par du
Fresny.) *Par.* 1702. *in* 12.

1035 La Bagatelle, ou Discours ironiques. *Amst.*
1722. 3. *v. in* 8.

1036 Le Je ne sçai quoi, par M. Cartier de Saint-
Philippe. *Utrecht* 1730. 2. *v. in* 12.

1037 Le Docteur Gelaon, ou les Ridiculités anciennes & modernes. *Lond.* 1737. *in* 12. *br.*

1038 Les Etrennes de la S. Jean : 2e édit. *Troyes* 1742. *in* 12.

1039 Recueil de ces Messieurs. *Amst.* 1745. *in* 12.

1040 Les Manteaux. *La Haye* 1746. 2. *tom. en* 1. *v. in* 8.

1041 Arrêts d'Amours, avec les comment. de Benoist de Court ; trad. du Lat. nouv. édit. avec des addit. *Amst.* 1731. 2. *v. in* 12.

1042 Les quinze Joies de Mariage ; avec le Blason des fausses Amours, le Loyer des folles Amours, & le Triomphe des Muses contre Amour ; le tout avec des remarques. *La Haye* 1726. *in* 12.

1043 Relat. du Royaume de Coqueterie. *Par.* 1654. *in* 12. *avec la Carte.*

1044 Alphabet de l'imperfection & malice des Femmes, par Jacq. Olivier. *Rouen* 1666. *in* 12.

1045 Apologie des Dames, appuyée sur l'Histoire. *Par.* 1737. *in* 12.

1046 Code de Cythere, ou Lit de Justice d'Amour, *Erotopolis* 1746. *in* 12.

1047 Chimæra, seu Phantasma Mendicorum. *Par.* 1607...... Chimere de la Mendicité, trad. du Latin. *Par.* 1607. *in* 8.

1048 Les Gymnopodes, ou de la nudité des pieds disputée de part & d'autre, par Roulliard. *Par.* 1624. *in* 4. *G. P.*

1049 Desid. Erasmi Encomium Moriæ, sive Laus Stultitiæ ; cum comment. Ger. Listrii, & figuris Holbenii. *Basil.* 1676. *in* 8.

1050 Eloge de la Folie, trad. du Latin d'Erasme, par Gueudeville. *Leide* 1713. *in* 12. *fig.*

1051 Discours de l'Yvresse & de l'Yvrognerie ; ensemble les Combats Bacchiques des anciens Yvrognes ; par Mousin. *Toul* 1612. *in* 8.

1052 Eloge de l'Yvresse, (par de Sallengre.) *La Haye* 1714. *in* 8.

1053 Compagnia della Lesina; con aggionte di-
verse. *Venet.* 1603.......Contralesina; con la Co-
media delle Nozze d'Antilesina. *Ibid. in 8.*

1054 La fameuse Compagnie de la Lesine, ou
Alesne, c'est-à-dire, la maniere d'espargner, ac-
quérir & conserver; trad. de l'Ital. *Par.* 1618.
in 12.

1055 Les Chats, (par M. Demoncrif de Paradis.)
Par. 1727. *fig.*...... Les trois Chiens, Conte en
vers. *Par.* 1722. *in 8. fig.*

1056 Hist. des Rats, pour servir à l'Histoire univer-
selle, (par le S. Bourdon.) *Ratopolis.* 1737.
fig. br.

1057 Apophtegmes des Anciens, & les Stratage-
mes de Frontin; trad. par N. Perrot d'Ablan-
court. *Par.* 1664. *in 4.*

1058 Des bons Mots & des bons Contes, (par de
Callieres.) *Par.* 1692. *in 12.*

1059 Histoire ingénieuse, ou élite des beaux traits
d'esprit; par Jacq. Rinald. *Rouen* 1670. *in 12.*

1060 Elite de bons Mots : tome I. *Amst.* 1731.
in 12. br.

1061 Elite de bons Mots, pensées choisies, histoi-
res singuliéres, & autres petites piéces en prose
& en vers. *Amst.* 1745. 2. *v. in 12.*

1062 Le nouveau Démocrite, ou Délassemens d'es-
prit, par Boyer Sr. de Ruviere. *Par.* 1701. *in 12.*

1063 Scaligerana, avec des notes. *Col.* 1695. *in 12.*

1064 Perroniana & Thuana. *Col.* 1694. *in 12.*

1065 Sorberiana. *In 12.*

1066 Chevræana. *Par.* 1697. & 1700. 2. *v. in 12.*

1067 Naudæana & Patiniana. *Par.* 1701. *in 12.*

1068 Carpentariana. *Par.* 1724. *in 12.*

1069 Furetiriana. *Par.* 1696. *in 12.*

1070 Valesiana. *Par.* 1694. *in 12.*

1071 Menagiana : nouv. édit. augm. par de la Mon-
noye. *Par.* 1715. 4. *v. in 12.*

1072 Santeuillana. *La Haye* 1717. *in* 12.

1073 Parrhasiana, (par le Clerc.) *Amst.* 1699.
2. *v. in* 8.

1074 Matanasiana, (par de Sallengre.) *La Haye*
1740. 2. *v. in* 8.

1075 Ducatiana, ou Remarq. de M. le Duchat., re-
cueillies par Formey. *Amst.* 1738. 2. *v. in* 8.

1076 Vasconiana, (par de Montfort.) *Par.* 1708.
in 12.

1077 Alciati Emblemata, cum comment. Minois.
Par. 1585. *in* 8. *fig.*

1078 Corderii Lepidi Emblemata. *Lingonis* 1598.
in 12.

1079 Silenus Alcibiades sive Proteus: Emblemes
en diverses Langues, en 4. parties. *In* 4. *fig.*

1080 Saavedræ Symbola. *Brux.* 1649. *in fol. fig.*

1081 Eadem. *Amst.* 1659. *in* 12. *fig.*

1082 Joach. Camerarii Symbola & Emblemata ex
re herbaria & Animalibus desumpta. *Ffurti* 1661.
4. *t. en* 1. *v. in* 4. *fig.*

1083 Boxhornii Emblemata politica, & Dissertat.
politicæ. *In* 12. *fig.*

1084 Emblemes de l'Amour divin, en figures. *Par.*
in 8.

V. *Polygraphes, Dialogues, & Epistolaires.*

1085 Lucianus Gr. Lat. cum notis Varior. *Amst.*
1687. 2. *v. in* 8.

1086 Lucien trad. avec des remarq. par d'Ablan-
court. *Par.* 1707. 3. *v. in* 12.

1087 Tableaux de Philostrate, trad. avec des com-
ment. par de Vigenere. *Par.* 1614. *in fol. fig.*

1088 Apuleii Opera, cum notis. *Lugd.* 1604. *in* 8.

1088 * Eadem, cum Colvii notis. *Lugd. B.* 1588.
in 8.

1089 Cassiodori Opera. *Par.* 1600. *in* 8.

1090 Petavii Orationes, & Poëmata. *Par.* 1624. *in* 8.

1091 Jo. Harduini Opera selecta. *Amst.* 1709. *in fol.*

1092 Varia Patrum Soc. Jesu Carmina & Orationes. *Par. in* 12.

1093 Essais de Mic. de Montaigne. *Brux.* 1659. 3. *v.* 12.

1094 Les mêmes, avec les notes de P. Coste. *Par.* 1725. 3. *v. in* 4.

1095 Oeuvres de Malherbe, Lettres & Poësies. *Par.* 1669. *in* 12.

1096 Oeuvres de Theophile Viaud. *Par.* 1661. *in* 12. *mar.*

1097 Recueil de Piéces agréables, ensuite des Jeux de l'Inconnu & de la Maison des Jeux. *Par.* 1644. *in* 8.

1098 Oeuvres de F. de la Mothe le Vayer. *Par.* 1669. 15. *v. in* 12.

1099 Dialogues d'Oratius Tubero, (le même le Vayer.) *Ffort* 1716. 2. *v. in* 12.

1100 Hexameron rustiq. du même le Vayer. *Amst.* 1698. *in* 12.

1101 Oeuvres de Sarasin. *Par.* 1663. *in* 12.

1102 Nouvelles Oeuvres de le Pays. *Par.* 1672. 2. *v. in* 12.

1103 Oeuvres de Brebeuf, Lettres & Poësies. *Par.* 1664. 2. *tom. en* 1. *v. in* 12.

1104 Oeuvres de Scarron. *Amst.* 1695. 8. *tom. en* 6. *v. in* 12.

1105 Les Nouvelles du même. *Par.* 1665. 2. *v. in* 12.

1106 Oeuvres de Voiture. *Amst.* 1657. *in* 12.

1107 Replique de Girac à Costar, ou suite de la défense de Voiture. *Par.* 1664. *in* 4.

1108 Oeuvres de Cyrano de Bergerac. *Amst.* 1741. 3. *v. in* 12.

1109 Oeuvres de Guez de Balzac. *Par.* 1665. 2. *v. in fol.*

1110 Oeuvres de M. de Saint-Evremond. *Amst.* 1706. 7. *v. in* 12. *fig.*

1111 Réflex. fur les divers ftyles & manieres d'écrire, ou Differt. fur les Oeuvres de M. de Saint-Evremond. *Amft.* 1700. *in* 8.

1112 Oeuvres diverfes de M. de Segrais. *Amft.* 1723. 2. *v. in* 8.

1113 Recueil des Ouvrages de M. le Duc du Maine en 1677. & 78. *In* 4.

1114 Nouvelles Oeuvres de Maucroix. *Par.* 1726. *in* 12.

1115 Oeuvres de Cefar Vichard de Saint-Real. *Par.* 1724. 5. *v. in* 12.

1116 Penfées fur la Comete, (par Bayle.) *Rotterd.* 1721. 4. *v. in* 12.

1117 Réponfe aux queft. d'un Provincial; avec les Entretiens de Maxime & Themifte ; (par Bayle.) *Rotterd.* 1704. & *fuiv.* 7. *tom. en* 6. *in* 12.

1118 Lettres de Bayle , avec des remarq. *Rotterd.* 1714. 3. *v. in* 12.

1119 Oeuvres de Louis de Sacy , contenant la trad. des Lettres & du Panegyriq. de Pline, & le Traité de l'Amitié. *Par.* 1722. *in* 4.

1120 Oeuvres mêlées du Chevalier de S. J. (de Saint-Jorry.) *Amft.* 1735. 2. *tom. en* 1. *v.* 12.

1121 Oeuvres diverfes de l'Abbé Gedoyn. *Par.* 1745. *in* 12.

1122 Oeuvres de M. de Fontenelle. *Par.* 1707. 8. *v. in* 12.

1123 L'Efprit de Fontenelle , ou Recueil de Penfées tirées de fes Ouvrages , (par M. de Premontval.) *La Haye* 1744. *in* 12.

1124 Mélanges d'Hiftoire & de Littérature, par de Vigneul-Marville (Noel d'Argonne.) *Par.* 1713. 3. *v. in* 12.

1125

1125 Essais sur divers sujets de Littérature & de Morale, par l'Abbé Trublet. *Par.* 1749. 2. *v. in* 12.

1126 Mémoires d'Histoire, de Critique & de Littérature, par l'Abbé d'Artigny. *Par.* 1749. *in* 12.

1127 Oeuvres mêlées de M. de Voltaire. *Geneve* 1742. 5. *v. in* 12.

1128 Oeuvres de M. Remond de Saint-Mard. *Amst.* 1749. 5. *v. in* 12.

1129 Oeuvres de M. Racine le fils. *Par.* 1742. 4. *v. in* 12.

1130 Recueil de Piéces en prose, de divers Auteurs. *Par.* 1659. 5. *v. in* 12.

1131 Recueil de Piéces galantes, en prose & en vers, de la Comt. de la Suze & de M. Pellisson. *Trévoux* 1725. 4. *v. in* 12.

1132 Oeuvres Cavalieres, ou Piéces galantes en prose & en vers, de B. D. R. *Col.* 1671. *in* 12.

1133 Recueil de Piéces galantes en prose & en vers, Voyage de Bachaumont, &c. *Utrecht* 1699. *in* 12.

1134 Voyage de Bachaumont & Chapelle ; avec les Poësies du Chev. d'Aceilly ou de Cailly, & autres Piéces. *Amst.* 1708. *in* 8.

1135 Le Portefeuille de M. L. D. F. *Col.* 1695. *in* 12.

1136 Recueil de Piéces en prose & en vers. *La Haye* 1714. 4. *v. in* 12.

1137 Les Divertissemens de Seaux, par de Malézieu. *Par.* 1712. & 1725. 2. *v. in* 12.

1138 Saisons Littéraires, ou Mélanges de Poësie, d'Histoire & de Critique, par Anne Barbier : 1er. Recueil. *Par.* 1714. *in* 12.

1139 Recueil de Piéces, dont la premiere est l'explication du Feu de l'Hôtel de Ville en 1649. avec l'Exemption de Régale du Languedoc ; le Ballet des Fées des Forests de S. Germain ; Mémoire pour la Voirie en 1632. *in* 4.

K

1140 Recueil de Piéces diverses ; sçavoir, la Ména-
gerie, par l'Abbé Cottin.... L'art de prêcher,
par l'Abbé de Villiers.... Le Viceroi de Cata-
logne. *Rouen* 1679. *in* 12.

1141 Recueil de diverses Piéces ; sçavoir, Mélanges
de Littérature de Chapelain ; Entretien sur les
Voyages de Cyrus ; Suite de la nouvelle Cyropé-
die. *In* 8.

1142 Recueil de Piéces diverses ; sçavoir, *Poësies*
de Chaulieu & de la Fare ; Apologie de M. de la
Motte ; Piéces sur l'Œdipe de M. de Voltaire.
In 8.

1143 Recueil de Piéces diverses ; sçavoir, Lettre sur
Rhadamiste ; Réflexions sur la Critique par M. de
la Motte ; Dictionnaire Néologique ; Dissert. sur
les Caractéres de Corneille & de Racine ; Lettre
sur Baron & la D^lle le Couvreur ; Lettre cri-
tique sur l'Œdipe de M. de Volt. & Réflex. sur
la Tragédie, par de la Motte. 2. *v. in* 8.

1144 Recueil de Piéces diverses ; sçavoir, la Musi-
que, Poëme ; Poësies de Sanlecque ; Voltaire de
la Poësie Epique ; les Millionaires ; le Frondeur
du Tabac, Satyre ; Epître de Clio ; Rencontre
de le Noble & de Boileau aux Champs Elisées ;
Maîtresses de toute qualité à louer ; les Promena-
des du Cours ; la Diseuse de bonne avanture ;
Lettre des Dames d'Angleterre en faveur du Beau
Sexe ; le nouveau Débarqué ; Relation de l'Isle de
Santorin, sortie du fonds de la Mer ; Histoire d'un
Gueux enrichi ; Poësies de Mlle Desjardins ; Poë-
me de l'art de prêcher ; Musica, Carmen Ant. le
Febvre. *In* 8.

1145 Recueil de Piéces ; sçavoir, Voyage au séjour
des Ombres, en deux parties : Lettre sur la C.
de l'Enfant prodigue : Lettre sur Venise sauvée :
les Enfans trouvés, ou le Sultan poli par l'Amour ;
Parodie de Zaïre : le Diable boiteux, Divertis-

ſement du Sieur de Mainbray. *In 12. en pluſieurs brochures.*

1146 Liaſſes de Brochures & Piéces fugitives, Factums, Mémoires, &c.

1147 Opere di Nic. Machiavelli. *Haya* 1726. *4. tom. en 3. v. in 12.*

1148 Proſe & Rime di Gio. della Caſa, rivedute per l'Abbate Antonini. *Par.* 1727. *in 8.*

1149 Oeuvres mêlées du Chevalier Temple, trad. de l'Anglois. *Utrecht* 1693. *2. tom. en 1. v. in 12. mar.*

1150 Oeuvres diverſes de Jean Locke, trad. de l'Anglois. *Rotterd.* 1710. *in 12.*

1151 Entretiens d'Eraſme, trad. par Chappuzeau. *Par.* 1662. *in 12.*

1152 Colloques d'Eraſme, trad. avec des notes, par Gueudeville. *Leyde* 1720. *6. tom. en 3. v. in 12. fig. G. P.*

1153 Entretiens de Voiture & de Coſtar. *Par.* 1654. *in 4.*

1154 Entretiens de Balzac, publiés par Girard. *Par.* 1657. *in 4.*

1155 Entretiens du Luxembourg, par de R. H. *Par.* 1666. *in 12.*

1156 Entretiens d'Ariſte & d'Eugene, par Bouhours. *Par.* 1671. *in 4.*

1157 Converſations du Maréchal de Clérambault & du Chevalier de Meré. *Par.* 1671. *in 12.*

1158 Dialogues des Morts, d'un tour nouveau, pour l'inſtruction des Vivans. *La Haye* 1709. *in 12.*

1159 Entretiens ſur divers ſujets d'Hiſtoire, de Littérature, de Religion, & de Critique, (par de la Croze.) *Col.* 1711. *in 12.*

1160 Dialogues des Grands Hommes aux Champs Eliſées, par l'Auteur de Télémaque. *Brux.* 1713. *in 12.*

1161 Dialogues Critiques & Philoſophiques de

l'Abbé de Charte-Livry. *Amst.* 1730. *in* 12.

1162 Une Journée des Parques, divisée en deux séances ou dialogues, par le Sage. *Par.* 1735. *fig* .... Melchukina, ou Anecdotes secretes & historiques. *Amst.* 1735. *in* 12.

1163 Entretiens littéraires & galans ; avec les Avantures de Don Palmerin & de Thamire ; par M. du Perron de Castera. *Par.* 1738. 2. *v. in* 12.

1164 Plinii Epistolæ & Panegyricus. *Lugd. B. Elzevir.* 1653. *in* 12.

1165 Plinii Epistolæ, cum notis Variorum ; ex edit. Cortii & Langolii. *Amst.* 1734. *in* 4.

1166 Tanaq. Fabri Epistolæ. *Salmurii* 1674. 2. *tom. en* 1. *v. in* 4.

1167 Lettres d'Estienne Pasquier. *Par.* 1586. *in* 4.

1168 Lettres choisies de Balzac. *Par.* 1650. 2. *v. in* 8.

1169 Lettres de Balzac à Conrart. *Elsevir.* 1659. *in* 12.

1170 Lettres de Costar. *Par.* 1658. *in* 4.

1171 Lettres & Discours de Sorbiere. *Par.* 1660. *in* 4.

1172 Lettres de M. Godeau. *Par.* 1713. *in* 12.

1173 Lettres de Rob. Arnauld d'Andilly. *Holl.* 1662. *in* 12.

1174 Lettres de Guy Patin. *Par.* (*Holl.*) 1692. 2. *v. in* 12.

1175 Lettres Françoises, par Richelet. *Par.* 1705. 2. *v. in* 12.

1176 Lettres du Comte de Bussy - Rabutin. *Par.* 1720. *& suiv.* 7. *v. in* 12.

1177 Lettres de la Marq. de Sevigné. *Par.* 1734. 6. *v. in* 12.

1178 Lettres Portugaises. *La Haye* 1689. *in* 12.

1179 Lettere Portughesi, trad. per Pordoni. *Venet.* 1682. *in* 12. *br.*

1180 Lettres de Boursault. *Par.* 1697. 3. *v. in* 12.

1181 Lettres de Richard Simon: nouv. édit. par la Martiniere. *Amſt.* 1730. 4. *v. in* 12.

1182 Lettres de M. Fléchier. *Par.* 1711. *in* 12.

1183 Lettres hiſtoriques & galantes, par Mad. de C*** (du Noyer.) *Col.* 1708. *& ſuiv.* 6. *v. in* 12.

1184 Mémoires de la même. *Col.* 1711. *& ſuiv.* 5. *v. in* 12.

1185 Lettres galantes & philoſophiques, par Mlle de *** *Col.* 1721. *in* 8.

1186 Lettres écrites de la Campagne. *La Haye* 1721. *in* 8.

1187 Lettres ſur les Anglois, les François, & les Voyages, (par M. Muralt.) 2. *v. in* 12.

1188 Apologie du caractere des Anglois & des Fr. ou Obſervations ſur les Lettres précédentes. *Par.* 1726. *in* 12.

1189 Lettres choiſies de Tyſſot de Patot. *La Haye* 1727. 2. *v. in* 12.

1190 Lettres curieuſes & galantes ſur divers ſujets. *Amſt.* 1727. 2. *v. in* 12.

1191 Lettres de la Marquiſe de M*** au Comte de R*** par M. de Crébillon fils. 1735. 2. *tom. en* 1. *v. in* 12.

1192 Lettres d'un François ſur les Anglois, (par l'Abbé le Blanc.) *La Haye* 1745. 3. *v. in* 12.

1193 Lettres Perſanes. *Amſt.* 1721. 2. *v. in* 12.

1194 Lettres d'une Turque à Paris, écrites à ſa Sœur au Serrail. *Amſt.* 1730. *in* 12.

1195 Lettres Moſcovites. *Konisberg* 1736. *in* 8.

1196 Lettres Saxones. *Berlin* 1738. 2. *tom. en* 1. *v. in* 12.

1197 Lettres Françoiſes & Germaniques. *Londres* 1740. *in* 12.

1198 Le Portefeuille rendu, ou Lettres hiſtoriques, par Mlle de S***. *Lond.* 1749. 2. *v. in* 12.

1199 Lettere familiari d'Annibal Caro. *Venet.* 1587.
    in 4.

1200 Lettere d'Ant. di Guevara, trad. da Ulloa.
    Venet. 1575. *in* 4.

HISTOIRE.

I. *Géographie & Voyages.*

1201 MÉTHODE pour la Géographie, par Robbe. *Par.* 1695. 2. *v. in* 12. *Cartes enluminées.*

1202 Méthode pour la Geographie, (par l'Abbé Lenglet.) *Par.* 1716. 4. *v. in* 12. *fig.*

1203 Méthode pour apprendre la Géographie, par de la Croix. *Lyon* 1717. 5. *v. in* 12. *fig.*

1204 Sphére hiſtorique, ou Explication des Signes du Zodiaque, des Planetes, &c. par rapport à l'Hiſtoire Ancienne ; par Lartigaud. *Par.* 1716. *in* 12.

1205 Vetera Romanorum Itineraria, cum notis Variorum ; curante Weſſelingio. *Amſt.* 1735. *in* 4.

1206 Geographia di Magini, trad. dal Latino da Cernoti. *Padoa* 1621. *in fol.*

1207 Phil. Brietii Parallela Geographiæ veteris & novæ. *Par.* 1649. 3. *v. in* 4. *fig.*

1208 Cellarii Notitia Orbis antiqui, ſive Geographia plenior. *Lipſiæ* 1701. 2. *v. in* 4. *fig.*

1209 Géographie Hiſtorique, par d'Audiffret. *Par.* 1689. 3. *v. in* 4. *fig.*

1210 Le Monde, ou Deſcript. de ſes quatre parties, par Davity. *Par.* 1643. 5. *v. in fol. avec des Cartes.*

1211 Le Monde, de du Val. *Par.* 1682. 2. *v. in* 12. *fig.*

1212 La France, du même. *Par.* 1680. *in* 12. *fig.*

1213 Les Provinces des Droits de la Reine de Fr. par le même. *Par.* 1667. *in* 12. *fig.*

4 . 10 . 1214 Le Monde, ou ſes quatres parties, en Cartes enluminées, avec Diſcours; par N. Sanſon. *In 4. G. P.*

6 . 10 . 1215 La France, l'Eſpagne, l'Italie, l'Allemagne, & les Iſles Britanniques; de N. Sanſon. *Paris 1651. in fol. Cartes enlum.*

24 . 1 . 1216 Liaſſe de Cartes Géographiques.

" . 16 . 1217 Portrait géographiq. & hiſt. de l'Europe. *Par. 1675. 3. v. in 12.*

2 . 12 . 1218 Mém. géographiques des principales Places d'Italie, Allemagne, & Flandre Eſpagnole. *Par. 1698. in 12.*

3 . 12 . 1219 Plans des Places de Guerre & Villes maritimes, Frontieres de France, par Lemau de la Jaiſſe. *Par. 1736. in 8. fig.*

26 . 10 . 1220 Nouveau Plan de Paris, dreſſé par ordre de M. Turgot. *Grand in fol.*

8 . 1 . 1221 Délices de l'Italie. *Par. 1707. 4. v. in 12. fig.*

4 . 7 . 1222 Délices de la France, par Savinien d'Alquié. *Par. 1670. 2. v. in 12. fig.*

4 . " 1223 Délices de Leide. *Leide 1712. in 8. fig.*

12 . " 1224 Délices de la Suiſſe. *Amſt. 1730. 4. v. in 12. fig.*

17 . " 1225 Délices de l'Eſpagne & du Portugal, par Alvarez de Colmenar. *Leide 1707. 5. v. in 12. fig.*

27 . 1 . 1226 Délices de la Grande Bretagne, par Beeverell. *Leyde 1707. 8. tom. en 9. v. in 12. fig.*

17 . 4 . 1227 Dictionnaire Géographique & Hiſtoriq. par Th. Corneille. *Par. 1708. 3. v. in fol.*

28 . 19 . 1228 Dictionnaire Géographiq. par Maty. *Utrecht 1712. in 4.*

140 . 1 . 1229 Dictionnaire Géographiq. par Bruzen la Martiniere. *La Haye 1726. & ſuiv. 10. v. in fol.*

2 . 15 . 1230 Dictionnaire Géographiq. portatif, trad. de l'Anglois d'Echard, & augm. par M. Voſgien. *Par. 1747. in 8.*

2 . 14 . 1231 De l'utilité des Voyages, & de l'avantage de la

la recherche des Antiquités, par Baudelot. *Par.*
1686. 2. *v. in* 12. *fig.*

1232 Hist. universelle des Voyages par mer & par terre, par l'Abbé de Bellegarde. *Amst.* 1708. *in* 12. *fig.* — 5 . 11 .

1233 Recueil de Voyages, par Thevenot. *Par.* 1696. 2. *v. in fol. fig.* — 21 . 2 .

1234 Relations de Madagascar & du Bresil, d'Egypte & de Perse, publiées par Morisot ; avec l'Hist. des Troubles du Bresil, par P. Moreau. *Par.* 1651. *in* 4. — 1 . 10 .

1235 Recueil de Voyages en Afriq. & en Amériq. *Par.* 1674. *in* 4. *fig.* — 2 . 2 .

1236 Voyages de Benjamin en Europe , Asie & Afrique, trad. de l'Hébreu , avec des notes, par Baratier. *Amst.* 1734. 2. *v. in* 8. — 5 . "

1237 Voyages de Mendez Pinto , trad. du Portugais par Figuier. *Par.* 1628. *in* 4.
1238 Voyages de Savary de Breves. *Par.* 1628. *in* 4. — 3 . 6 .

1239 Voyages du Sieur de la Boullaye le Gouz. *Par.* 1657. *in* 4.
1240 Voyages de Pietro della Valle , trad. de l'Ital. par le Comte. *Par.* 1663. 4. *v. in* 4. — 5 . "

1241 Voyages de Monconys. *Par.* (*Holl.*) 1695. 5. *v. in* 12. *fig.* — 9 . 2 .

1242 Voyage autour du Monde , trad. de l'Anglois de Dampier. *Amst.* 1701. 4. *v. in* 12. *fig.* — 9 . "

1243 Voyage autour du Monde , trad. de l'Ital. de Gemelli Careri par M. L. N. (le Noble.) *Par.* 1719. 6. *v. in* 12. *fig.* — 8 . 10 .

1244 Voyage autour du monde , trad. de l'Anglois Wood Rogers. *Amst.* 1723. 3. *v. in* 12. *fig.* — 6 . 19 .

1245 Voyage autour du Monde, par le Gentil. *Par.* 1727. 2. *v. in* 12. *fig.* — 3 . 15 .

1246 Voyages de Tavernier en Turquie, en Perse , — 18 . "

& aux Indes. *Par.* (*Holl.*) 1679. 3. *v. in* 12. *fig. mar.*

9. 5. 1247 Voyages de Struys en Moscovie, Tartarie, Perse, aux Indes, &c. par Glanius. *Amst.* 1718. 3. *v. in* 12. *fig.*

10. 19. 1248 Voyages de Thevenot en Europe, Asie & Afriq. *Amst.* 1727. 5. *v. in* 12. *fig.*

5. 1. 1249 Voyage d'Italie, Dalmatie, Grece & Levant, par Spon & Wheler. *La Haye* 1724. 3. *v. in* 12. *fig.*

5. 2. 1250 Voyage de Wheler en Dalmatie, Grece & Levant, trad. de l'Anglois. *La Haye* 1723. 2. *v. in* 12. *fig.*

1. 10. 1251 Voyage du P. Avril en divers Etats d'Europe & d'Asie. *Par.* 1692. *in* 4. *fig.*

12. " { 1252 Voyage de Paul Lucas au Levant, dans la Grece, l'Asie mineure, la Macédoine & l'Afrique. *Par.* 1712. *& suiv.* 3. *v. in* 12. *fig.*

1253 Voyage du même en Turquie. *Rouen* 1719. 3. *v. in* 12. *fig.*

12. " 1254 Mém. du Chevalier d'Arvieux, conten. ses Voyages à Constantinople, en Asie & Afrique; par le P. Labat. *Par.* 1735. 6. *v. in* 12.

9. 1. 1255 Lettres critiq. de Hadgi Mehemet Effendy, sur les Mémoires du Cheval. d'Arvieux, trad. du Turc. *Par.* 1735. *in* 12.

2. " 1256 Voyage de Grece, d'Egypte, Palestine, Italie, Suisse, &c. fait en 1721. 22. & 23. *La Haye* 1724. *in* 12.

2. 9. 1257 Remarques d'un Voyageur sur la Hollande, l'Allemagne, l'Italie, l'Espagne, l'Afrique, le Brésil, &c. *La Haye* 1728. *in* 12.

30. 4. 1258 Voyages d'Aubry de la Motraye en Europe, Asie & Afrique. *La Haye* 1727. 2. *v. in fol. fig.* G. P.

2. 1. 1259 Voyages de Ch. Patin en Allemagne, Angleterre, Hollande, Suisse, &c. *Amst.* 1695. *in* 12. *fig.*

9. 5. 1260 Voyages de du Mont en Europe, Turquie,

&c. *La Haye* 1699. 4. *v. in* 12. *fig.*

1261 Voyage & Avantures de Martin Nogué en Europe. *La Haye* 1728. *in* 12.   4 . 1.

1262 Mémoires & Voyages du Baron de Pollnitz. *Amst.* 1735. 4. *v. in* 12.   7 . 5.

1263 Voyage d'Italie, par Misson. *La Haye* 1702. 3. *v. in* 12. *fig.*   9 . 6.

1264 Voyage de Suisse, d'Italie, &c. par Gilbert Burnet. *Rotterd. in* 12.   2 . "

1265 Voyage en Hollande, avec des notes, par Guyot de Marcilly. *Par.* 1719. *in* 12.   1 . 10.

1266 Voyage d'Espagne en 1654, (par de Saint Maurice.) *Col.* 1666. *in* 12.   2 . 12.

1267 Voyage d'Angleterre, par Sorbiere. *Cologne* 1667. *in* 12.   1 . 6.

1268 Voyage de Dannemarck, à la suite de l'Envoyé d'Angleterre. *Rotterd.* 1706. *in* 12.   2 . 10.

1269 Voyage de la Reine de Pologne (Marie de Gonzague,) décrit par J. le Laboureur. *Par.* 1648. *in* 4.   9 . 12.

1270 Voyage en Moscovie du Baron de Mayerberg, Ambassad. de l'Emp. Léopold. *Leide* 1688. *in* 12.   2 . 11.

1271 Voyage vers le Septentrion. *Amsterd.* 1708. *in* 12. *fig.*   2 . 11.

1272 Recueil de Voyages au Nord. *Amst.* 1731. & *suiv.* 8. *v. in* 12. *fig.*

1273 Recueil d'Arrêts & autres Piéces pour l'établissement de la Compagnie d'Occident : Suite des Voyages au Nord. *Amst.* 1720. *in* 12.   29 . 2.

1274 Les deux Voyages littéraires de deux Bénédictins DD. Martene & Durand. *Par.* 1717. & 1724. 2. *v. in* 4. *fig.*   12 . 8.

1275 Voyages & Avantures du Comte de *** & de son Fils. *Amst.* 1748. 2. *v. in* 12.   4 . 10.

1276 Journal de Colier Résident de Hollande à la Porte, trad. du Flamand. *Geneve* 1671. *in* 12.   2 . "

5.	3.	1277 Voyage en Turquie & en Perse, avec une Relation des Expéditions de Thamas Kouli-Kan; par M. Otter. *Par.* 1748. 2. *v. in* 12.
4.	1.	1278 Voyage de Syrie & du Mont Liban, par de la Roque. *Par.* 1722. 2. *v. in* 12. *fig.*
31.	1.	1279 Voyage du Levant, par Pitton de Tournefort. *Par. Impr. R.* 1717. 2. *v. in* 4. *fig.*
12.	5.	1280 Voyages de Chardin en Perse, & autres lieux de l'Orient. *Amst.* 1711. 3. *tom. en* 1. *v. in* 4. *fig.*
5.	1.	1281 Voyages de Fr. Bernier au Mogol. *Par.* 1699. 2. *v. in* 12. *fig.*
16.	5.	1282 Recueil des Voyages de la Comp. des Indes. *Amst.* 1710. 5. *v. in* 12. *fig.* 1283 Voyage de Gautier Schouten aux Indes Orientales, trad. du Hollandois. *Amst.* 1707. 2. *v. in* 12.
1.	6.	1284 Voyage de Perse & des Indes Orient. trad. de l'Anglois d'Herbert par de Wicquefort. *Par.* 1663. *in* 4.
20.	10.	1285 Voyages de Perse, des Indes Orientales & de Moscovie, de Mandelslo & d'Olearius, trad. de l'Allemand par de Wicquefort. *Amst.* 1727. 2. *v. in fol. fig.*
8.	1.	1286 Voyage aux Indes Orientales par l'Escadre de M. du Quesne. *Rouen* 1721. 3. *v. in* 12.
28.	"	1287 Voyages de Corneille le Brun aux Indes Orientales. *Amst.* 1718. 2. *v. in fol. fig.*
3.	"	1288 Voyage de Siam, de l'Abbé de Choisy. *Par.* 1687. *in* 12.
3.	12.	1289 Ambassade de la Compagnie Holl. au Japon, trad. du Hollandois. *Amst.* 1722. 2. *v. in* 12. *fig.*
1.	"	1290 Voyage d'Evert Isbrand Envoyé du Czar à la Chine, par Adam Brand. *Amst.* 1699. *in* 8.
2.	5.	1291 Relat. de la Captivité du Sieur Mouëtte à Maroc. *Par.* 1683. *in* 12.

1292 Relation de l'Afrique Occidentale ; par le P. Labat. *Par.* 1728. 5. *v. in* 12. *fig.* 10 . 1.

1293 Voyage de Guinée , par Bofman. *Utrecht* 1705. *in* 12. *fig.* 4 . 10.

1294 Voyage aux Coftes de Guinée & en Amériq. *Amft.* 1719. *in* 12. 2 . 19.

1295 Voyage du Chevalier des Marchais en Guinée, Ifles voifines, & à Cayenne ; par le P. Labat. *Par.* 1730. 4. *v. in* 12. *fig.* 9 . 1.

1296 Voyages de le Maire aux Canaries , Cap-Verd, Senegal & Gambie. *Par.* 1695. *in* 12. 1 . "

1297 Voyage de Madagafcar ou Ifle de S. Laurent. *Par.* 1722. *in* 12. 2 . 1.

1298 Voyage de la Mer du Sud , par Frezier. *Par.* 1732. *in* 4. *fig.* 6 . 10.

1299 Relation de Voyages en Afrique, en Amériq. & Indes Occidentales, &c. par Dralfé de Grand-Pierre. *Par.* 1718. *in* 12. 1 . 18 .

1300 Hiftoire des Avanturiers Flibuftiers, qui fe font fignalés dans les Indes, par Oexmelin ; avec le Voyage de la Mer du Sud , de Raveneau de Luffan. *Trévoux* 1744. 4. *v. in* 12. *fig.* 9 . 5.

1301 Voyages de Fr. Coreal aux Indes Occident. trad. de l'Efpagnol ; avec une Relat. de la Guiane de Walter Raleigh, &c. trad. de l'Anglois. *Amft.* 1722. 3. *v. in* 12. *fig.* 7 . 15.

1302 Voyage du P. Labat aux Ifles de l'Amérique. *Par.* 1722. 6. *v. in* 12. *fig.* 10 . 10.

1303 Voyages du Baron de la Hontan dans l'Amérique Septentr. avec les Converfations de l'Auteur avec un Sauvage, & un Dictionnaire de la Langue des Sauvages. *La Haye* 1706. 2. *v. in* 12. *fig.* 7 . 10.

1304 Avantures de C. le Beau , ou Voyage parmi les Sauvages de l'Amériq. Septentrionale. *Amft.* 1738. 2. *v. in* 8. *fig.* 4 . 12.   *D.* 6 . 1.

1305 Relations de la Louifiane , & du Fleuve 4 . "

Miſſiſſipi. *Amſterdam* 1720. *in* 12. *figures.*

4.   1.   1306 Voyages de Th. Gage dans la Nouv. Eſpagne, trad. de l'Anglois. *Amſt.* 1699. 2. *v. in* 12. *fig.*

5.   "   1307 Hiſtoire des Sevarambes. *Amſt.* 1702. 2. *v. in* 12.

2. 18.   1308 Avantures de Jacques Sadeur dans la Terre Auſtrale. *Par.* 1705. *in* 12.

7.   "   1309 Voyages & Avant. de Jacq. Maſſé. *Bourd.* 1710. *in* 12.

1. 16.   1310 Avantures de Robinſon Cruſoé, trad. de l'Anglois. *Amſt.* (*Rouen*) 1720. 2. *v. in* 12. *fig.*

3. 14.   1311 Voyages de Gulliver, (trad. de l'Anglois de Swift par l'Abbé des Fontaines.) *Par.* 1727. 2. *tom. en* 1. *v. in* 12.

3. 18.   1312 Voyage & Avantures de Fr. Leguat en deux Iſles déſertes des Indes Orient. *Amſt.* 1708. 2. *tom. en* 1. *v. in* 12. *fig.*

1. 11.   1313 Voyages de Glantzby dans les Mers Orient. de la Tartarie. *Par.* 1729. *in* 12.

2. 9.   1314 Entretiens d'un Voyageur ſur la Mer. *Cologne* 1704. 2. *tom. en* 1. *v. in* 12.

13. 5.   1315 Les mêmes. *Cologne* 1715. 4. *v. in* 12. *fig.*

II. *Chronologie, & Hiſtoire Univerſelle.*

2. 11.   1316 L'Antiquité des Tems rétablie & défendue, par Pezron. *Amſt.* 1687. *in* 12.

1. 12.   1317 Hiſt. du Calendrier Romain, par Blondel. *La Haye* 1684. *in* 12. *fig. mar.*

" 12.   1318 Nouveau Calendrier perpétuel, par M. du Tille du Vivier. *Par.* 1741. *in* 12.

3. "   1319 Science de l'Hiſtoire , avec le Jugement des principaux Hiſtoriens. *Par.* 1665. *in* 12.

1. "   1320 De l'uſage de l'Hiſtoire , (par de Saint-Real) *Par.* 1671. *in* 12.

1321 Introduction à la lecture de l'Hiſtoire , ou les divers Caracteres hiſtoriq. avec le Plan d'une nouvelle Hist. de Lyon; par Menestrier. *Lyon* 1694. *in* 12.

1322 Méthode pour étudier l'Histoire, par l'Abbé Lenglet. *Brux.* 1714. 2. *v. in* 8.   1 . 13 .

1323 La même Méthode, par l'Abbé Lenglet. *Par.* 1729. 4. *v. in* 4. *G. P.*   48 . 19 .

1324 Justinus, cum notis If. Vossii. *Amst. Elsevir.* 1664. *in* 12.   1 . 10 .

1325 Justinus, cum notis Variorum. *Lugd.* 1670. *in* 12.   " 10 .

1326 Justinus, cum notis Th. Hearne. *Oxon.* 1705. *in* 8.   2 . 11 .

1327 L'Histoire des Histoires, avec le dessein d'une nouvelle Hist. de France, par de la Popeliniere. *Par.* 1599. *in* 8. *mar.*   2 . 11 .

1328 Turfellini Epitome Historiarum ab origine Mundi ad 1640. *Lugd.* 1642. *in* 12.   " 13 .

1329 Historie del Mondo, da Tarchagnota. *Venet.* 1580. 5. *v. in* 4.   3 . 19 .

1330 Bibliotheque Historiale, par Vignier. *Paris* 1587. *&* 1650. 4. *v. in fol.*   5 . 1 .

1331 Helvici Theatrum Historicum & Chronolog. *Ffurti* 1666. *in fol.*   " 10 .

1332 Hist. du Monde, par Chevreau. *Par.* 1686. 2. *v. in* 4.   2 . 2 .

1333 Histoire Universelle, par M. Bossuet; avec la Suite, par de la Barre. *Par.* 1713. 2. *v. in* 12.   4 . 5 .

1334 Abrégé de l'Histoire Universelle, trad. du Lat. de Petau; avec une contin. jusqu'en 1714. *Par.* 1715. 5. *v. in* 12.   6 . 12 .

1335 Abrégé de l'Histoire Univers. par Cl. de l'Isle. *Par.* 1731. 7. *v. in* 12.   10 . "

1336 Introd. à l'Histoire Univers. trad. de l'Angl. d'une Société de Gens de Lettres. *La Haye* 1731. *in* 12.   1 . 1 .

1337 Histoire Universelle, trad. de l'Anglois d'une Société de Gens de Lettres : tom. I. *La Haye* 1732. *in* 4.   1 . 16 .

6 . 12. 1338 Introd. à l'Histoire Univerf. par Dan. Thieß pont. *Brux.* 1736. 2. *tom. en* 1. *v. in* 4.

1 . 10. 1339 Morifoti Orbis Maritimus, five Hiftoria rerum in Mari & Littoribus geftarum. *Divione* 1643. *in fol.*

" 12. 1340 Théatre des Princes, ou Hift. des Papes, Empereurs, Rois & Monarques du Monde; trad. de l'Italien par Th. D. F. *Par.* 1613. *in* 4.

3 . 17. 1341 Introd. à l'Hift. des principaux Etats de l'Europe, trad. de l'Allemand de Pufendorf par Rouxel. *Amft.* 1710. 4. *v. in* 12.

17 . 10. 1342 Introd. à l'Hift. de l'Univers, trad. de Pufendorf, & continuée jufqu'à préfent. *Amft.* 1722. 7. *v. in* 12. *fig.*

1343 Intrrod. à l'Hiftoire de l'Afie, de l'Afrique & de l'Amérique, par la Martiniere. *Amft.* 1735. 2. *v. in* 12. *fig.*

6 . 4. 1344 Les Souverains du Monde, trad. de l'Allemand, & continués jufqu'à préfent. *La Haye* 1722. 4. *v. in* 8. *fig.*

19 . 19. 1345 Hift. des Guerres & des Négociat. qui précéderent le Traité de Weftphalie, par Bougeant. *Par.* 1727. *& fuiv.* 3. *v. in* 4.

28 . " 1346 Négociations fecrettes touchant la Paix de Munfter. *La Haye* 1725. 4. *tom. en* 2. *v. in fol.*

" 15. 1347 Hift. de la Paix des Pyrénées; avec un Recueil concernant le Duc de Lorraine. *Holl. in* 12. *fans frontifp.*

2 . " 1348 Mém. pour l'Hiftoire du temps. *Cologne* 1676. *in* 12.

1349 Le Miroir des Princes, ou Dénouëment des Intrigues depuis la Paix des Pyrenées. *Cologne* 1684. *in* 12.

12 . 1. 1350 L'Efpion Turc dans les Cours des Princes Chrétiens. *Col.* 1710. 6. *v. in* 12. *fig.*

" 12. 1351 Gazettes & autres Piéces de 1649. *In* 4.

2 . " 1352 Abrégé de l'Hift. de ce fiécle de fer, contenant

nant ce qui eſt arrivé de mémorable depuis le com-
mencement de ce ſiécle ; par de Parival. *Bruxel.*
1666. 3. *v. in* 8.

1353 Lettres ſur les matieres du Tems, en 1688.   1 . 11 .
     89. & 90. *Amſt. in* 4.

1354 L'Eſprit des Cours, depuis Juin 1699. juſq.   7 . 4 .
     Décemb. 1710. *La Haye & Amſt.* 19. *v. in* 12.

1355 Mém. pour l'Hiſtoire univerſelle de l'Europe,   6 . 1 .
     depuis 1600. juſq. 1716 .(par d'Avrigny.) *Par.*
     1725. 4. *v. in* 12.

1356 Mercure hiſtorique & politiq. depuis Novemb.   199 . 19 .
     1686. juſq. Décemb. 1746. incl. *Holl.* 120. *v.*
     in 12.

1357 Le Mercure Galant, depuis 1698. juſq. 1716.
     27. *v. dépareillés in* 12.   } 84 . 1 .
1358 Le Mercure de France, depuis Janvier 1717.
     juſq. Février 1727. incl. 68. *v. in* 12.

1359 Mém. pour ſervir à l'Hiſt. du XVIIIe ſiécle,   60 . 2 .
     par M. de Lamberty. *La Haye* 1724. *& ſuiv.* 12.
     v. in 4.

1360 Mémoires hiſtoriq. pour le ſiécle courant, par   20 . ″
     l'Auteur des Lettres hiſtoriq. depuis Juillet 1728.
     juſqu'en Mars 1738. incl. *Amſt.* 20. *v. in* 12.

1361 Recueil choiſi des Piéces politiq. à l'occaſion   4 . 6 .
     de la Guerre préſente. *Holl.* 1735. *in* 4.

III. *Hiſtoire Eccléſiaſtique.*

*Hiſtoire de l'Egliſe univerſelle, & des Egliſes
particulieres.*

1362 Hiſt. du Peuple de Dieu, par le P. Berruyer.   78 . 1 .
     Par. 1728. 1re *edit.* 7. *v. in* 4.

1363 Sulpitii Severi Opera. *Amſt. Elzevir.* 1656.   1 . ″
     in 12.

1364 Tablettes Chronologiques de l'état de l'Egliſe,   2 . 10 .
     par Marcel. *Amſt.* 1687. *in* 8.

9 . 2 . 1365 Hift. de l'Eglife, trad. d'Eufebe & autres Auteurs Grecs, par Coufin. *Holl.* 1686. 6. *v. in* 12. *mar.*

" 10 . 1366 Jac. Cappelli Hift. facra & exotica, ab Adamo ad Auguftum. *Sedani* 1613. *in* 4.

10 . 19 . 1367 Hift. de l'Eglife, par M. Godeau. *Holl.* 1680. 6. *v. in* 12. *mar.*

200 . 1 . 1368 Hift. Eccléfiaftiq. par Fleury. *Par.* 1691. & fuiv. 36. *v. in* 4.

2 . 2 . 1369 Juftification des Difcours & de l'Hift. Ecclef. de M. Fleury. *Nancy* 1736. *in* 12.

30 . 15 . 1370 Hift. de l'Eglife, par Bafnage. *Rotterd.* 1699. 2. *v. in fol.*

5 . "
D . 4 . 10 . 1371 Abrégé de l'Hift. Eccléfiaft. jufqu'en 1666. traduit du Lat. d'Hornius. *Rotterd.* 1700. 2. *v. in* 8.

2 . 11 . 1372 Abrégé de l'Hift. de l'Eglife , jufqu'en 1691. *Lyon* 1695. 4. *v. in* 12.

7 . 5 . 1373 Hift. de l'Eglife en abrégé, par demandes & réponfes; (par du Pin.) *Par.* 1712. 4. *v. in* 12.

3 . 1 . 1374 Anecdotes Eccléfiaftiques , contenant la Police & la Difcipline de l'Eglife Chrét. tirées de l'Hiftoire de Naples de Giannone. *Amft.* 1738. *in* 8.

3 . 19 . 1375 Hift. des Archevêchés & Evêchés de l'Univers, par l'Abbé de Commanville. *Par.* 1700. *in* 8.

1 . 5 . 1376 Du Bois Hift. Ecclefiæ Parifienfis. *Par.* 1690. *in fol.*

1 . " 1377 Eloges des Archevêques de Paris, par de Martignac. *Par.* 1698. *in* 4. *fig.*

7 . " 1378 Annales de l'Eglife de Noyon, par le Vaffeur. *Par.* 1633. 2. *v. in* 4.

3 . 1 . { 1379 Hift. de l'Eglife de Reims, trad. du Latin de Floard par Chefneau. *Reims* 1580. *in* 4.
{ 1380 Table chronolog. de l'Hift. Eccléfiaftique de Reims, par Cocquault. *Reims* 1650. *in* 4.

HISTOIRE.

1381 Marlot Historia Metropolis Remensis. *Insulis* 1666. *& Remis* 1679. 2. *v. in fol.*   6. ,,

1382 La France Chrét. sous l'Apôtre de nos Rois S. Remy, par de Ceriziers. *Reims* 1633. *in* 4.   1. 4.

1383 Tennevrius de Ampulla Remensi, contrà Chiffletium. *Par.* 1652. *in* 4.   1. ,,

1384 Histoire des Evêques de Metz, par Meurisse. *Metz* 1634. *in fol.*   3. 1.

1385 Antiquités de l'Eglise de Saint Aignan d'Orléans, par R. Hubert. *Orléans* 1661. *in* 4.   3. 19.

1386 Hist. des Evêques du Mans, par le Corvaisier de Courteilles. *Par.* 1648. *in* 4.   3. 12.

1387 Le Nombre des Ecclésiastiques de France ; celui des Religieux & des Religieuses ; le tems de leur établissement ; ce dont ils subsistent, & à quoi ils servent. *In* 8.   10. ,,

1388 Hist. critiq. de la Créance & des Cout. des Nations du Levant, par de Moni (Ric. Simon.) *Francfort* 1684. *in* 12. *mar.*   4. ,,

1389 Etat des Missions de Grece, par Fleuriau. *Par.* 1695. *in* 12.

1390 Relation des progrès de la Mission des Jésuites au Paraguay en l'Amérique Méridionale, trad. du Latin de Nic. Duran. *Par.* 1638. *in* 8.   5. 6.

1391 Relat. des Missions des Jésuites dans la Nouvelle France, en 1639. & 1642. par Filleau & Vimont. *Par.* 1640. *& 43.* 2. *v. in* 8.

Histoire des Conciles, des Papes, & des Cardinaux.

1392 Hist. des Conciles Généraux, avec des notes. *Par.* (*Holl.*) 1692. *in* 4.   1. 10.

1393 Hist. des Conciles, par Hermant. *Rouen* 1699. 4. *v. in* 12.   6. ,,

1394 Hist. des Conciles de Pise, de Constance & de Basle, par Lenfant. *Amsterd.* 1714. 24. *& 31.*   45. ,, *fix tomes en trois volumes in 4. figures.*

ʃ - ʃ. 1395 Hiſt. du Concile de Trente, trad. de l'Ital. de Paolo Sarpi par Amelot de la Houſſaie. *Amſt.* 1699. *in 4.*

1. 1ʃ. 1396 Nouvelles Lumieres politiques, contre l'Hiſtoire du Concile de Trente de Palavicin; (par le Noir.) *Holl.* 1676. *in 12.*

3. 10. 1397 Journal hiſtoriq. du Concile d'Embrun. 1727. *2. tom. en 1. v. in 12.*

7. ʃ. { 1398 Anaſtaſius Bibliothecarius de Vitis Rom. Pontificum. *Mogunt.* 1602. *in 4. mar.*
1399 Alteſerræ Notæ & Obſervat. in Anaſtaſium. *Par.* 1680. *in 4. mar.*

1. 16. 1400 Vies des Papes, trad. du Latin de Platine par Coulon. *Par.* 1651. *in 4.*

3. 13. 1401 Vies des Papes, trad. du Latin de Baleus. *Geneve* 1561. *in 8.*

" 12. 1402 Maſſonus de Epiſcopis Rom. Eccleſiæ. *Par.* 1586. *in 4.*

" 10. 1403 Bordini Series & Geſta Summor. Pontificum. *Par.* 1604. *2. tom. en 1. v. in 4.*

1. 10. 1404 Hiſt. des Papes, par du Cheſne. *Par.* 1653. *in fol. fig.*

3. 10. 1405 Hiſt. des Papes. *Lyon* 1703. *2. v. in 12.*

1. 8. 1406 Johanna Papiſſa toti Orbi manifeſtata, adverſùs Bellarminum, Baronium, Ræmundum, &c. *Oppenheimii* 1619. *in 8. br.*

3. 19. 1407 La Papeſſe Jeanne, trad. du Latin de Cooke par de la Montagne. *Sedan* 1633. *in 8.*

4. 10. { 1408 Eclairciſſement ſur la Papeſſe Jeanne, par Blondel. *Amſt.* 1647. *in 8.*
1409 Traité contre le Livre précédent, par P. Cougnard. *Saumur* 1655. *in 8.*

2. 10. 1410 Specimen Hiſtoriæ arcanæ Alexandri VI. ſeu Excerpta ex Diario Burchardi; ex edit. Leibnitii. *Hanoveræ* 1696. *in 4.*

" 18. 1411 Vie de Leon X. trad. du Latin de Paul Jove

par M. D. P. (de Pure.) *Par.* 1675. *in* 12.

1412 Vie de Pie V. par Monjot. *Bruxelles* 1672.   " 10.
in 12.

1413 Vie de Sixte V. trad. de l'Ital. de Leti. *Par.*   3 . "
1714. 2. *v. in* 12. *fig.*

1414 Syndicat d'Alexandre VII. trad. de l'Italien.   3 . "
Holl. 1669. *in* 12.

1415 Différend des Barberins avec Innocent X. par   " 10.
de Vauciennes. *Par.* 1678. *in* 12.

1416 Hift. de Donna Olimpia, trad. de l'Italien de   3 . "
Gualdi. *Leide* 1666. *in* 12.

1417 Le Népotifme de Rome, trad. de l'Italien de   2 . 10 .
Leti. *Holl.* 1669. *in* 12.

1418 Conclavi de' Pontefici Romani. *Holl.* 1668.   1 . 10 .
in 12.

1419 Hift. des Conclaves. *Cologne* 1703. 2. *v. in* 12. 12 . "
fig.

1420 Conclave d'Alexandre VII. trad. de l'Italien. ⎫
In 12.   ⎬ " 12.
1421 Conclave de Clément IX. trad. de l'Ital.....⎭
Idée du Conclave préfent de 1676. *In* 12.

1422 Origine des Cardinaux, & des Légats *à la-*   2 . 19 .
tere; avec l'Affaire des Corfes. *Cologne* 1670.
in 12.

1423 Jufte Balance des Cardinaux vivans, trad. de ⎫
l'Ital. impr. en 1650. *In* 12.   ⎪
1424 Lifte des Cardinaux vivans en 1721. *Par.*   ⎬ 2 . "
1721. *in* 8. *br.*   ⎪
1425 Frizon Gallia Purpurata. *Par.* 1638. *in fol.* ⎭

1426 Négociations à Rome pour la Promotion des   " 10 .
Cardinaux François depuis 1644. jufqu'en 1654.
par de Vauciennes. *Par.* 1676. *in* 12.

Hiftoire des Ordres Monaftiques, & Militaires.

1427 Hiftoire de l'Origine de toutes les Religions, 1 . 10 .
trad. de l'Ital. de Morife. *Par.* 1578. *in* 8.

4. 19.   1428 Histoire des Ordres Religieux, par Hermant. *Rouen* 1727. 4. *v. in* 12.

2. 19.   1429 Figures des Habits des Chanoines Réguliers en ce siécle, avec le Discours de du Molinet. *Par.* 1666. *in* 4.

2. "   1430 Hist. des Carmes Déchaussés, trad. de l'Espagnol de Franç. de Sainte-Marie par de la Croix. *Par.* 1645. *in fol.*

20. "   1431 Barth. de Fisis Liber aureus Conformitatum Vitæ B. Francisci ad Vitam J. C. editus denuò per Bucchium. *Bonon.* 1590. *in fol.*

3. 1.   1432 Alcoranus Franciscanorum, Latino-Gallicus, ex Libro Conformitatum excerptus à Badio. *In* 8.

24. "   1433 L'Alcoran des Cordeliers, tiré du Livre des Conformités, Lat. Fr. *Amst.* 1734. 2. *v. in* 12. *fig.*

   1434 Légende dorée de l'Ordre de S. Dominique & de S. François. *Ibid. in* 12.

7. 12.   1435 Annales des Capucins, trad. de Boverius par Caluze. *Par.* 1675. 2. *v. in fol.*

1. 10.   1436 Hospiniani Historia Jesuitica. *Tiguri* 1619. *in fol.*

6. 19.   1437 Recueil de Piéces touchant l'Hist. des Jésuites, composée par le P. Jouvency. *Liege* 1713. *in* 12.

1. 18.   1438 Les Moines empruntez, par Pierre Joseph (de Haitze) *Col.* 1696. 2. *tom. en* 1. *v. in* 12.

9. "   1439 Hist. de la Congrégation des Filles de l'Enfance établie à Toulouse, & supprimée en 1686. (par M. Reboulet.) *Amst.* 1734. *in* 12.

   1440 Mém. contre le Livre précédent, par l'Abbé de Juliard. *Toulouse* 1735. *in* 12.

2. "   1441 Marrier Hist. Monasterii S. Martini de Campis. *Par.* 1636. *in* 4.

22. "   1442 Les Mazures de l'Abbaye de l'Isle-Barbe, par Claude le Laboureur. *Par.* 1681. 2. *v. in* 4.

1443 Hiſtoire des Ordres Militaires, ou de Cheva-
lerie ; avec figures gravées par Schoonebeek.
Amſt. 1699. 2. *v. in* 8.

1444 Hiſt. de la Condamnation des Templiers, &
du Schiſme d'Avignon, &c. par Dupuy : nouv.
édit. augmentée. *Bruſſ.* 1713. 2. *v. in* 8.

1445 Hiſt de l'Ordre de Malte, par de Vertot. *Par.*
1726. 4. *v. in* 4. *fig.*

Vies des Saints, & Perſonnes illuſtres en piété ;
Hiſtoire des Reliques, Images, & Miracles.

1446 Vies des SS. Peres des Déſerts, & des Saints
Solitaires d'Orient & d'Occident ; (par de Ville-
fore.) *Par.* 1706. 2. *v. in* 12. *fig.*

1447 Vie de S. Thomas de Cantorbery, par de
Beaulieu (du Cambouſt de Pontchateau.) *Par.*
le Petit, 1674. *in* 12.

1447 * Vie de S. Juvin, par M. Pierquin. *Nancy*
1732. *in* 8.

1448 Vie de S. Ignaee, par Bouhours. *Par.* 1680.
in 12.

1449 Vie du B. Philippe Nerio Fondateur de l'O-
ratoire, trad. du Latin de Gallonius par de Roſ-
ſet. *Par.* 1606. *in* 8.

1450 Vie de Mlle de Dampierre. *Bruxel.* 1719.
in 12.

1451 Vie de Mad. Guyon, écrite par elle même.
Col. 1720. 3. *v. in* 8.

1452 Hiſt. d'une Dame Chrét. de la Chine, par le
P.P.C. (Couplet) Jéſuite. *Par.* 1688. *in* 12.

1453 Hiſtoire de la Victoire du Corps de Dieu ſur
Béelzebub, obtenue à Laon en 1566. par Bou-
læſe. *Par.* 1578. *in* 4.

1454 Recueil de Piéces touchant la fameuſe Reli-
que du S. Nombril de Chaalons. *In* 8.

1455 Lipfii Diva Virgo Hallenfis, ejus Beneficia & Miracula. *Par.* 1604. *in* 8.

Hiftoire des Religions, Sectes, & Héréfies; & des Inquifitions.

1456 Cérémonies & Coutumes Religieufes de tous les Peuples du Monde. *Amft.* 1723. *& fuiv.* 9 *v. in fol. fig. de Picart.* G. P.

1457 Superftitions Anciennes & Modernes. *Amfterd.* 1733. 2. *tom. en* 1. *v. in fol. fig.* G. P.

1458 Traité des Anciennes Cérémonies, par Porrée. *In* 8.

1459 Prateoli Elenchus Hæreticorum. *Colon.* 1569. *in fol.*

1460 Hift. des Héréfies, par de Sainte-Garde. *Par.* 1697. *in* 4.

1461 Hift. des Héréfies, par Hermant. *Rouen* 1727. 4. *v. in* 12.

1462 Dictionnaire Hiftorique des Héréfies, par Pinchinat. *Par.* 1736. *in* 4.

1463 Hift. Flagellantium, (auctore Jac. Boileau. *Par.* 1700. *in* 12.

1464 Critiq. de l'Hift. des Flagellans, par Thiers. *Par.* 1703. *in* 12.

1465 Hift. du Luthéranifme, par Maimbourg. *Par.* 1680. *in* 4.

1466 Hift. véritable du Calvinifme, contre Maimbourg. *Amft.* 1683. *in* 12.

1467 Relation de l'Etat de la Religion, trad. de l'Anglois de Sandis. *Geneve* 1626. *in* 8.

1468 Hift. de l'Edit de Nantes, par Benoift. *Delft* 1693. 5. *v. in* 4.

1469 Hift. du Socinianifme, (par le P. Anaftafe.) *Par.* 1723. *in* 4.

1470 Hift. des Anabaptiftes, du Davidifme, & des Trembleurs.

Trembleurs, par Catrou. *Par.* 1733. 3. *v. in* 12.

1471 Hiſt. du Fanatiſme de notre tems, par Brueys. *6 . 4 .*
 Utrecht 1737. 3. *v. in* 12.

1472 Hiſt. du Soulevement des Fanatiques dans les *2 . 19 .*
 Sévennes en 1702. (par du Val.) *Par.* 1713. *in*
 12.

1473 Hiſt. de l'Inquiſition de Goa, (par Dellon.) *6 . 1 .*
 Amſt. 1697. *in* 12. *fig.*

1474 Mém. hiſtoriq. des Inquiſitions, (par du Pin.) *7 . "*
 Col. 1716. 2. *v. in* 12. *fig.*

IV. *Hiſtoire des anciennes Monarchies, des Juifs, des Babyloniens, des Aſſyriens, des Perſes, des Grecs, & des Romains.*

1475 Hiſt. des Juifs, de Joſeph, trad. par Arnauld *22 . 2 .*
 d'Andilly. *Brux.* 1701. 5. *v. in* 8. *fig.*

1476 Hiſt. des Juifs, pour ſervir de ſuite à celle de *12 . "*
 Joſeph, par Baſnage. *Rotterd.* 1707. & 1711.
 7. *v. in* 12.

1477 La même : nouv. édit. *La Haye* 1716. 15. *31 . 5 .*
 v. in 12.

1478 Hiſt. des Juifs, trad. de l'Anglois de Prideaux. *92 . "*
 Amſt. 1728. 6. *v. in* 12. *fig.*

1479. Remarq. ſur les Mœurs des Iſraélites. *MS. In* *1 . 2 .*
 8.

1480 Hiſtoire Ancienne, par Rollin. *Par.* 1731. & *31 . 5 .*
 ſuiv. 13. *tom. en* 14. *v. in* 12.

1481 Matthiæ Theatrum Hiſtoricum quatuor Mo- *2 . "*
 narchiarum. *Amſt.* 1656. *in* 4.

1482 Harmonie chronolog. des Hiſtoires de la IVe *2 . 4 .*
 Monarchie, enſemble l'Etat de l'Egliſe, ſelon *2 . 4 .*
 l'ordre des années ; par Poiſſon. *Par.* 1587. *in* 4.

1483 Pauſanias, ou Voyage hiſtorique de la Gréce, *16 . 19 .*
 trad. avec des remarques par Gedoyn. *Par.* 1731.
 2. *v. in* 4.

1484 Hiſtoire d'Hérodote, trad. par du Ryer. *Par.* *7 . "*

1677. 3. *volumes in* 12. *figures , maroquin.*

5 . 8 . 1485 Differt. du Préfident Bouhier fur Hérodote; avec la Vie de l'Auteur. *Dijon* 1746. *in* 4.

1 . 4 . 1486 Thucydidis Hiftoriæ , Latinè interprete Valla. *Colon.* 1550. *in fol.*

8 . „ 1487 Hift. de Thucydide & de Xénophon, trad. par d'Ablancourt. *Par.* 1671. 3. *v. in* 12. *mar.*

4 . 2 . 1488 Retraite des dix mille , de Xénophon, trad. par d'Ablancourt. *Par.* 1648. *in* 8. *mar.*

1 . 4 . 1489 Hift. de Diodore de Sicile , trad. par l'Abbé Terraffon. *Par.* 1737. 2. *v. in* 12.

9 . „ 1490 Guerres d'Alexandre, trad. d'Arrian par d'Ablancourt. *Par.* 1646. *in* 8. *mar.*

9 . „ 1491 Q. Curtius , cum notis Varior. *Amft.* 1673. *in* 8.

9 . 10 . 1492 Q. Curce , Lat. Fr. par de Vaugelas. *Par.* 1709. 2. *v. in* 12.

1 . 5 . 1493 Petri Petiti de Amazonibus Differtatio. *Par.* 1685. *in* 12.

5 . „ 1494 Traité hiftoriq. fur les Amazones , par P. Petit. *Leide* 1718. *in* 12. *fig.*

6 . „ 1495 Romanæ Hiftoriæ Scriptores Græci minores; Gr. Lat. per Sylburgium. *Ffurti* 1590. *in fol.*

2 . 5 . 1496 Hift. Romaine, trad. de Xiphilin, Zonare & Zofime, par Coufin. *Par.* 1678. *in* 4.

1 . 10 . 1497 Hiftoriæ Rom. Scriptores varii , cum notis. *Apud H. Steph.* 1568. 2. *v. in* 8.

18 . 19 . 1498 Titus Livius, ex recenfione Clerici. *Amft.* 1710. 10. *v. in* 8.

5 . 10 . 1499 Tite Live, trad. avec des annot. par de Vigenere. *Par.* 1617. 3. *v. in fol. fig.*

„ . 14 . 1500 Tite Live réduit en Maximes, par Corbinelli. *Par.* 1694. *in* 12.

2 . 10 . 1501 Velleius Paterculus, accurante Steph. And. Philippe : cum Indice. *Par.* 1746. *in* 12.

9 . 12 . 1502 Hift. Rom. & Grecque de Velleius Paterculus, trad. par Doujat. *Par.* 1708. 2. *v. in* 12.

1503 Eutropius, cum Pæanii Metaphrasi Græca;
Meſſala Corvinus de Auguſti progenie; & Julius
Obſequens de Prodigiis; cum annot. Th. Hearne.
Oxon. 1703. *in* 8. — 4 . 10 .

1504 Eutropius, cum Indice. *Par.* 1746. *in* 12. — 3 . „

1505 Aurelii Victoris Hiſtoria Romana, cum notis
Variorum; curante Arntzenio. *Amſt.* 1733. *in* 4. — 12 . „

1506 Hiſt. Romaine, trad. de l'Anglois d'Echard.
Par. 1728. *& ſuiv.* 12. *v. in* 12. — 21 . 1 .

1507 Hiſt. Romaine, par les Peres Catrou & Rouil-
lé; & continuée par le P. Rothe. *Par.* 1725. *&*
ſuiv. 21. *v. in* 4. — 80 . „

1508 Hiſt. Romaine, par Rollin; continuée par M.
Crevier. *Par.* 1738. *& ſuiv.* 10. *v. in* 12. — 20 . „

1509 Hiſt. des Révolutions de la Républ. Rom. par
de Vertot. *Par.* 1727. 3. *v. in* 12. — 8 . 5 .

1510 Conſiderat. ſur les cauſes de la grandeur des
Romains, & de leur décadence; (par M. de Mon-
teſquieu.) *Amſt.* 1734. *in* 8. — 3 . 15 .

1511 Hiſt. de Polybe, trad. par du Ryer. *Par.* 1670.
3. *v. in* 12. *mar.* — 7 . „

1512 Hiſt. de Polybe, trad. par Thuillier; avec le
Comment. du Cheval. de Folard. *Par.* 1727. 6.
v. in 4. *fig.* — 61 . „

1513 Salluſtius, cum notis Varior. *Lugd. B.* 1649.
in 8. — 4 . 19 .

1514 Idem, cum notis Varior. *Lugd. B.* 1677. *in* 8. — 9 . „

1515 Salluſte, trad. par Caſſagnes. *Par.* 1675. *in*
12. *mar.* — 3 . 12 .

1516 Salluſte, Lat. Fr. *Par.* 1726. *in* 12. — 2 . 11 .

1517 Julius Cæſar, cum notis Variorum. *Lugd. B.*
1713. *in* 8. *fig. mar.* — 14 . 1 .

1518 Commentaires de Céſar des Guerres de la
Gaule, trad. avec annot. par de Vigenere. *Par.*
1584. *in* 4. — 1 . 4 .

1519 Commentaires de Ceſar, trad. par d'Ablan-
court; avec les Remarq. de Sanſon ſur la Carte de — 2 . 10 .

l'ancienne Gaule. *Paris* 1650. *in* 4.

9 . „ 1520 Le parfait Capitaine, ou Abregé des Guerres des Comment. de Cefar; par Henry Duc de Rohan. (*Par.*) 1744. *in* 12.

4 . „ 1521 Hift. des deux Triumvirats, (par Citri de la Guette;) avec l'Hift. d'Augufte, par de Larrey. *Amft.* 1720. 4. *tom. en* 2. *v. in* 12.

9 . 1 . 1522 Tacitus, cum notis Lipfii. *Lugd. Gryph.* 1576. *in* 16.

1523 Tacitus. *Amft. Blaeu*, 1679. 2. *v. in* 12.

9 . 5 . 1524 Oeuvres de Tacite, trad. par d'Ablancourt. *Par.* 1672. 3. *v. in* 12. *mar.*

1 . 11 . 1525 Perrot d'Ablancourt vengé, ou Amelot de la Houffaie convaincu de ne pas parler François, & d'expliquer mal le Latin. *Amft.* 1686. *in* 12.

12 . 9 . 1526 Tacito, tradotto da Davanzati; con poftille & còl tefto Latino. *Venet.* 1677. *in* 4.

1 . „ 1527 Suetonius. *Par. ex Typogr. R.* 1644. *in* 12.

2 . „ 1528 Suetonius, cum Comment. Torrentii, Cafauboni, & aliorum. *Trajecti* 1672. *in* 4.

8 . „ 1529 Suetonius, cum comment. Almeidæ. *Hagæ com.* 1727. *in* 4.

4 . 10 . 1530 Hift. des Empereurs Rom. trad. de Suetone par du Teil. *Amft.* 1699. *in* 12. *fig. G. P.*

„ 14 . 1531 Hiftoire de Dion Caffius, trad. avec annot. par de Bandole. *Par.* 1610. *in* 4.

6 . 2 . 1532 Herodianus Gr. Lat. cum notis. *Oxon.* 1704. *in* 8.

9 . „ 1533 Hiftoire d'Herodien, trad. avec des remarq. (par Mongault.) *Par.* 1700. *in* 12.

9 . 4 . 1534 Hiftoriæ Auguftæ Scriptores fex, cum notis Variorum. *Lugd. B.* 1661. *in* 8.

„ 19 . 1535 Hiftoire Romaine, depuis Augufte jufqu'à Conftantin le Grand; avec l'Epitome de Florus; par Coeffeteau. *Par.* 1625. *in fol.*

41 . 19 . 1536 Hiftoire des Empereurs, par Lenain de Tillemont. *Par.* 1700. 5. *v. in* 4.

1537 Vie de l'Empereur Julien, (par M. de la Ble-
terie.) *Par.* 1735. 2. *tom. en* 1. *v. in* 12.   2. 3.

1538. Hist. de l'Emp. Jovien, avec des trad. de
quelques Ouvrages de Julien, par M. de la Ble-
terie. *Par.* 1748. 2. *v. in* 12.   3. ,,

1539 Hist. de Théodose le Grand, par M. Flechier.
Par. 1679. *in* 4.   4. ,,

1540 La même. *Holl.* 1681. *in* 12. *mar.*   6. 1.

V. *Histoire d'Italie.*

1541 Itinerario overo Descrittione d'Italia, trad.
dal Lat. di And. Scoto. *Vicenza* 1615. *in* 8.   ,, 12.

1542 L'Italia, d'Ant. Magini. *Bologna* 1620. *in fol.*
Cartes.   6. ,,

1543 Recueil des choses rares, notables, antiques,
Cités, Forteresses d'Italie, par Rigaud. *Aix*
1601. *in* 8.   2. 1.

1544 Henr. à Pflaumern Mercurius Italicus, per Ita-
liæ Regiones & Urbes Dux. *Lugd.* 1628. *in* 12.   ,, 19.

1545 Hist. des Guerres d'Italie, trad. de l'Ital. de
Fr. Guichardin par Chomedey; avec les Obser-
vat. du Sieur de la Noue. *Geneve* 1593. 2. *vol.*
in 8.   6. 19.

1546 Jovii Historiæ sui temporis. *Par. Vascosan.*
1558. 2. *tom. en* 1. *v. in fol.*   3. 2.

1547 Memorie overo Diario del Card. Bentivoglio.
Amst. 1648. *in* 8.   3. 2.

1548 Ritratto di Roma antica & di Roma moderna.
Roma 1645. 2. *v. in* 8. *fig.*   1. 14.

1549 Description de Rome, par de Seine. *Lyon*
1690. 4. *v. in* 12.   3. 6.

1550 Descrizione di Roma antica e moderna. *Roma*
1697. 2. *v. in* 8. *fig.*   3. 2.

1551 Conjuration de Nic. Gabrini, dit de Rienzi,
Tyran de Rome en 1347. par du Cerceau; avec
les Incommodités de la Grandeur, Comédie hé-

roïque du même Auteur. *Par.* 1733. *in* 12.

1552 Tableau de la Cour de Rome, par J. A. Prélat domeſtique d'Innocent XI. *La Haye* 1707 *in* 12.

1553 Etat du Siége de Rome. *Cologne.* 3. tom. en 1. v. *in* 12.

1554 Hiſt. des Rois de Sicile & de Naples, des Maiſons d'Anjou, par Petrineau des Noulis. *Par.* 1707. *in* 4.

1555 Hiſt. des Rois des deux Siciles de la Maiſon de France, par M. d'Egly. *Par.* 1741. 4. v. *in* 12.

1556 Hiſtoire des Troubles de Naples ſous Ferdinand I. depuis 1480. juſqu'en 1487. trad. de l'Ital. de Portio. *Par.* 1627. *in* 8.

1557 Vie du Duc d'Oſſone, Viceroy de Naples, trad de l'Italien de Leti. *Amſt.* 1700. 3. v. *in* 12. *fig.*

1558 Memoriale delle coſe più notabili del Regno di Napoli infino all'anno 1617. da Tom. Coſto. *Nap.* 1618. *in* 8.

1559 Hiſt. des Révolutions de Naple de 1647. & 48. traduite de l'Italien de Gualdo Priorato. *Par.* 1654. *in* 4.

1560 Mém. du Duc de Guiſe, ſur ſon Expédition de Naples. *Par.* 1668. *in* 4.

1561 Les mêmes. *Par.* 1681. *in* 12.

1562 Deſcription de l'Iſle de Sicile, par P. del Callejo y Angulo; avec un Mém. de l'Etat politiq. de la Sicile, par le Baron Agatin Apary. *Amſt.* 1734. *in* 8. *fig.*

1563 La Ville & République de Veniſe, par de Saint-Didier. *La Haye* 1685. *in* 12.

1564 Hiſt. du Gouvernement de Veniſe, par Amelot de la Houſſaie; avec le Supplément. *Paris* 1676. 2. v. *in* 8.

1565 Examen de la Liberté de Veniſe; traduit de

l'Ital. avec des remarq. (par Amelot de la Houf-
faie.) *Ratisbone* 1677. *in* 12.

1566 Hist. de la Ligue de Cambray contre la Ré-
publique de Venise , (par l'Abbé du Bos.) *Par.*
1709. 2. *v. in* 12. — 3 . "

1567 Historia Veneta , di Nani. *Venet.* 1663. & 79.
2. *v. in* 4. *mar.* — 23 . 1

1568 Hist. d'Ezzelin III. Tyran de Padoue , trad.
de l'Italien de Gerardo par Cortaud. *Par.* 1644.
in 8. — 2 . 11

1569 Hist. de Florence , trad. de Machiavel par
de Brinon. *Par.* 1615. *in* 8. — " 10

1570 Anecdotes de Florence , ou Hist. secrette de
la M. de Medicis , par Varillas. *La Haye* 1685.
in 12. — 2 . "

1571 Etat des Duchés de Florence , Modene ,
Mantoue & Parme; avec une Relat. de Bologne.
Utrecht 1711. *in* 12. — 3 . 1

1572 La Sardaigne, Paranymphe de la Paix aux Sou-
verains de l'Europe. *Cologne* 1714. *in* 8. — 6 . "

1573 Card. Quirini Primordia Corcyræ : editio 2ª
auctior. *Brixiæ* 1738. *in* 4. *G. P.* — 4 . "

VI. *Histoire de France.*

Histoire générale , & particuliere sous chaque Régne.

1574 Forcatulus de Gallorum Imperio & Philoso-
phia. *Par.* 1579. *in* 4. — 3 . "

1575 Oeuvres d'Est. & Nic. Pasquier. *Amst.* 1723.
2. *v. in fol.* — 20 . 5

1576 Recherches des Recherch. de Pasquier , (par
Garasse.) *Par.* 1622. *in* 8. — 3 . 15

1577 Hist. de l'établissement de la Monarchie Fran-
çoise dans les Gaules , par l'Abbé du Bos. *Paris*
1734. 3. *v. in* 4. — 10 . "

" 12.   1578 Hiſtoriæ Francorum Scriptores coætanei, è Bibliot. Pithœi. *Par.* 1588. *in* 8.

1 . 10.   1579 Paulus Æmilius de Geſtis Francorum. *Par. Vaſcoſan* 1539. *in fol.*

1 . 8 .   1580 Ferronus de Geſtis Gallorum, ad Hiſtoriæ Pauli Æmilii continuationem ; cum Chronico Jo. Tilii. *Par. Vaſcoſan.* 1555 *in* 8.

" 12 .   1581 Aimoinus Monachus de Geſtis Francorum. *Par.* 1567. *in* 8.

2 . 18 .   1582 Hiſt. de France, par du Haillan. *Par.* 1576. *in fol.*

" 10 .   1583 Les Rois de France, par de Flavigny. *Par.* 1594. *in* 8.

3 . 5 .   1584 Annales de France, par de Belleforeſt. *Paris* 1600. 2. *v. in fol.*

1 . 10 .   1585 Recueil des Rois de France, leur Couronne & Maiſon, par du Tillet. *Par.* 1586. *in fol.*

6 . 12 .   1586 Le même. *Par.* 1618. *in* 4.

1 . "   1587 Threſor des Hiſt. de France, par Corrozet. *Par.* 1622. *in* 8.

1 . 5 .   1588 Inventaire de l'Hiſtoire de France, par de Serres. *Par.* 1625. *in fol.*

" 13 .   1589 Petri Berthault Florus Gallicus, & Florus Francicus. *Par.* 1660. *in* 12.

10 . 19 .   1590 Hiſt. de France, par Jourdan. *Par.* 1679. 3. *v. in* 4. *mar.*

2 . 4 .   1591 Portraits & Eloges des Rois de France, par de Bie. *Par.* 1636. *in fol.*

96 . 1 .   1592 Hiſt. de France, par de Mezeray. *Par. Guillemot,* 1643. 46. & 51. 3. *v. in fol.*

29 . "   {1593 Abregé de l'Hiſt. de France, par de Mezeray. *Amſt.* 1701. 7. *v. in* 12. *fig.*
{1594 Suite de Mezeray, (par de Limiers.) *Amſt.* 1727. 3. *v. in* 12.

" 14 .   1595 Hiſt. de France, par de Marolles. *Par.* 1678. *in* 12.

1596 Hift. de la Monarchie Franç. par Marcel. *Par.*   6 . 2.
    1686. 4. *volumes in* 12. *figures.*

1597 Mém. de ce qui s'eft paffé de mémorable en   2 . 6.
    France depuis l'établiffement de la Monarchie
    jufqu'à préfent, par de Saint-Remy. *La Haye*
    1701. 2. *tom. en* 1. *v. in* 12.

1598 Abregé de l'Hift. de France, par Daniel. *Par.*   27 . "
    1727. 6. *v. in* 4. *G. P.*

1599 Faftes des Rois des Maifons d'Orléans & de   1 . 9.
    Bourbon, depuis 1497. jufq. 1697. par du Lon-
    del. *Par.* 1697. *in* 8.

1600 Hift. de France, par le Gendre. *Par.* 1718.   16 . 19.
    3. *v. in fol.*

1601 Hift. de France, (par Chalon.) *Par.* 1720.   11 . 15.
    3. *v. in* 12.

1602 Annales de la Monarchie Françoife, par de   16 . 10.
    Limiers. *Amft.* 1724 2. *v. in fol. fig.*

1603 Abregé chron. de l'Hift. de France, (par M.   9 . 1.
    le P. Henault.) *Par.* 1744. *in* 8.

1604 Les mémorables Journées des François, par   5 . 2.
    Girard. *Par.* 1647. *in* 4. *fig.*

1605 Monumens de la Monarchie Françoife, par de   72 . 3.
    Montfaucon. *Par.* 1729. *& fuiv.* 5. *v. in fol. fig.*

1606 Hift. du Regne de Charlemagne, par M. de   1 . 12.
    la Bruere. *Par.* 1745. 2. *v. in* 12.

1607 Hift. de l'Abbé Suger, (par Gervaife.) *Par.*   2 . 11.
    1721. 3. *v. in* 12.

1608 Vie de S. Louis, par de Choify. *Par.* 1689.   4 . 16.
    in 4.
                                       7 . 4.

1609 Hift. de l'Empire de Conftantinople fous les   14 . 1.
    Empereurs François, par de Villehardouin; avec
    les addit. & obfervat. de du Cange. *Par. Impr. R.*
    1657. *in fol.*

1610 Hift. du Différend de Boniface VIII. & de   4 . 10.
    Philippe le Bel, par du Puy. *Par.* 1655. *in fol.*

1611 Hift. des Rois Charles VI. & VII. publiées par   18 . "
    Godefroy. *Par. Impr. R.* 1653. *&* 1661. 2. *v.*
    in fol.

6 . „   1612 Mém. pour l'Hist. de France & de Bourgogne, contenant un Journal de Paris sous Charles VI, & Charles VII. &c. *Par.* 1729. *in* 4.

19 . „   1613 Chronique de Froissart. *Lyon, de Tournes,* 1559. 2. *v. in fol.*

18 . 19 .   1614 Chronique de Monstrelet. *Par.* 1572. 2. *v. in fol. mar.*

9 . 10 .   1615 Chronique scandaleuse, ou Hist. de Louis XI. par un Greffier de l'Hôtel de Ville , (Jean de Troyes.) *Imprimé en* 1620. *in* 4.

10 . „   1616 Hist. de Louis XI. avec un Recueil de Piéces, par M. Duclos. *Par.* 1745. & 46. 4. *v. in* 12.

6 . „   1617 Mém. de Phil. de Comines , augmentés de Piéces & de remarq. par Godefroy ; avec un Supplément. *Bruss.* 1714. 4. *v. in* 8.

4 . 19 .   1618 Hist. du Roi Charles VIII. par de Jaligny, de la Vigne , & autres ; publiée par Godefroy. *Par.* 1617. .... Vie de l'Amiral de Chastillon; avec annotat. & Piéces du temps. *Amst.* 1643. *in* 4.

4 . 1 .   1619 Hist. de Louis XII. par d'Auton ; publiée par Godefroy. *Par.* 1620. 2. *v. in* 4.

9 . 6 .   { 1620 Hist. de l'Administration du Cardinal d'Amboise , par Baudier. *Par.* 1634. *in* 4.

{ 1621 Vie du Cardinal d'Amboise , par le Gendre. *Roüen.* 1724. *in* 4.

4 . 10 .   1622 Mém. de du Bellay. *Par.* 1569. *in fol.*

„ 10 .   1623 Jani Gallici Facies prior , Historiam Bellorum civilium Galliæ ab anno 1534. ad 1589. complectens , ex Nostradami Tetrastichis Gallicis, quæ totidem Numeris Latinis redduntur & explicantur ; per Jo. Amatum Chavigneum. *Lugd.* 1594. *in* 4.

1 . „   1624 Hist. delle Guerre civili di Francia , da Davila. *Venet.* 1641. *in* 4.

9 . „   1625 Hist. des cinq Rois , ou Hist. des choses mémorables sous Henry II. François II. Charles IX.

sur la mort du Duc & du Card. de Guise. 1589.
in 8. fig.

15. 19. 1641 La Guisiade, Tragédie de P. Matthieu : 3.
édit. avec des notes *Sur l'Impr. de 1589.* ....
La Tragédie de Colligny, par Franç. de Chante-
louve. *Sur l'Impr. de 1575. in 8. mar.*

10. 1. 1642 Vie & Faits notables de Henry de Valois, &
autres Piéces; avec la grande Diablerie du Duc
d'Espernon. 1589. *in 8. fig.*

9. 4. 1643 Mémoires de Marguerite de Valois, & autres
Piéces du temps *Liege 1713. in 8.*

8. " 1644 Hist. d'Henry IV. par de Perefixe. *Amst. El-
zevir, 1664. in 12.*

10. " 1645 Satyre Ménippée des Etats de la Ligue; avec
d'autres Piéces du Tems, & des remarq. *Ratis-
bonne 1711. 3. v. in 8. fig.*

9. " 1646 Hist. de France, durant sept années de Paix
sous Henry IV. par Matthieu. *Par. 2. v. in 8.*

1. " 1647 Lettres du Cardinal d'Ossat. *Par. 1627. in
fol.*

9. 1. 1648 Négociations du Président Jeannin. *Par. le Pe-
tit, 1656. in fol.*

9. " 1649 Hist. du Duc de Bouillon, par Marsollier. *Par.
1719. in 4.*

4. " 1650 La même. *Par. 1726. 3. v. in 12.*

6. 6. 1651 Mém. du D. de Sully. *Amsterd. & Par. 1662.
4. tom. en 2. v. in fol.*

19. 1. 1652 Les mêmes; avec les remarq. (de l'Abbé de
l'Ecluse.) *Lond. 1745. 3. v. in 4.*

4. 11. 1653 Mém. de la Vie de Théodore Agrippa d'Au-
bigné; avec ceux de Fred. Maurice Prince de Se-
dan; une Relat. de la Cour de France, de Priolo;
& l'Hist. de Mad. de Mucy. *Amst. 1731. 2. tom.
en 1. v. in 12.*

" 12. 1654 Avantures du Baron de Fœneste, (par d'Au-
bigné.) *Au Dezert 1630. in 8.*

5. 19. 1655 Les mêmes: nouv. édit. augmentée, avec des

remarques. *Cologne* 1729. 2. *volumes in* 8.

656 Hift. du Card. Duc de Joycufe, par Aube-
ry. *Par.* 1654. *in* 4.   2. „

657 Hiftoire du Connétable de Lefdiguieres, par
Louis Videl. *Par.* 1638. *in fol.*   2. „

658 Hift. du Duc d'Efpernon, par Girard. *Par.*
1655. *in fol.*

659 Hiftoire de Louis XIII. par Dupleix. *Par.*
1635. *in fol.*   1. 10.

660 Triomphes de Louis XIII. par Valdor. *Par.*
1649. *in fol. fig.*   8. „

661 Hift. du Regne de Louis XIII. par le Vaffor.
Amft. 1701. *& fuiv.* 10. *tom. en* 16. *v. in* 12.
fig.   6 0. „

662 Hift. mémorable de ce qui s'eft paffé en Fran-
ce, depuis 1610. jufq. 1620. par Boirel de Gau-
bertin. *Rouen* 1620. *in* 8.   5. 10.

663 Gramondi Hift. proftratæ à Ludovico XIII.
Sectariorum in Gallia Rebellionis. *Tolofæ* 1623.
in 4.   „ 10.

664 Hiftoire de la Mere & du Fils, c'eft-à-dire, de
Marie de Medicis & de Louis XIII. par de Me-
zeray. *Amft.* 1731. 2. *v. in* 12.   4. 10.

665 Mém. de la Régence de Marie de Medicis;
avec un Journal des Conférences de Loudun. *La
Haye* 1720. 2. *v. in* 8.   5. „

666 Mémoires de Baffompierre. *Cologne* 1666. 2. *v.*
in 12.   1. 16.

667 Journal du Card. de Richelieu. *Par.* 1652. 2.
v. in 12.   1. 10.

668 Hift. du Miniftere du Card. de Richelieu. *Par.*
(*Holl.*) 1650. 2. *v. in* 12.   „ 6.

669 Teftament politique du Cardinal de Richelieu.
Amft. 1696. *in* 12.   1. 6.

670 Le même; avec les Obfervat. (de l'Abbé de
Saint-Pierre.) *Amft.* 1709. 2. *v. in* 8.   4. 18.

671 Le veritable P. Jofef, contenant l'Hift. anec-   „ 12.

doté du C. de Richelieu, (par l'Abbé Richard.)
S. Jean de Maurienne 1704. *in* 12.

9 . 1 . 1672 Mém. d'un Favory de Gaston Duc d'Orleans.
Leide 1669. *in* 12.

9 . 18 . 1673 Mém. de Pontis. *Amft.* 1678. 2. *v. in* 12.

2 . 11 . 1674 Mém. de M. de Montchal. *Rotterd.* 1718. 2. *v.*
in 12.

4 . 4 . 1675 Mémoires de Mic. de Marolles. *Par.* 1656.
in fol.

4 . 19 . 1676 Mém. du Comte de Brienne. *Amft.* 1719. 3.
v. in 8.

1 . 5 . 1677 Mém. de la Vie de Frederic Maurice Duc de
Bouillon ; avec des particularités de la Vie de M.
de Turenne. *Par.* 1692. *in* 12.

2 . 11 . 1678 Mém. d'Arnauld d'Andilly. *Hamb.* 1734. 2.
tom. en 1. *v. in* 8.

9 . 6 . 1679 Mémoires d'Omer Talon. *La Haye* 1732. 8.
v. in 12.

2 . 9 . 1680 Mém. du C. de Rochefort, (par de Courtilz.)
La Haye 1696. *in* 12.

11 . 1 . 1681 Mém. de Mad. de Motteville. *Amft.* 1723. 5.
v. in 12.

9 . „ 1682 Mém. de Mlle de Montpenfier ; avec la Suite.
Anvers 1730. 7. *v. in* 12.

1 . 10 . 1683 Hift. de la Monarchie Franç. fous Louis XIV.
par de Riencourt. *Par.* 1688. 2. *v. in* 12.

25 . „ { 1684 Faftes de Louis le Grand, par du Londel. *Par.*
1694. *in* 8.
{ 1685 Hift. de Louis XIV. par M. Reboulet. *Avi-*
gnon 1744. 3. *v. in* 4.

1 . 1 . { 1686 Réflexions fur le Portrait du Roy, par le Ma-
refchal. *Par.* 1682. *in* 12.
{ 1687 Labardæus de Rebus Gallicis ab anno 1643.
ad 1652. *Par.* 1671. *in* 4.

8 . 5 . 1688 Le Prince illuftre, (ou Eloge du Duc d'En-
guien ;) par du Bois-Hus. *Par.* 1645. *in* 4. *mar.*
à comp.

1689 Mém. du Duc de la Rochefoucauld & du M. de la Chaftre. *Cologne* (Elfevir,) 1669. *in* 12.   5. 7.

mar.
1690 Recueil de Piéces fervant à l'Hift. conten. la Réponfe aux Mém. de la Chaftre, &c. *Col.* (Elzevir,) 1664. *in* 12.   9. 7.

1691 Mém. du Card. de Retz : nouv. édit. augmentée de plufieurs Piéces du Temps ; & de la Conjuration de Fiefque , écritepar ce Cardinal. *Amft.* 1719. 4. *v. in* 8.
1692 Mémoires de Guy Joly, avec des notes ; & les Mém. de Mad. de Nemours. *Amft.* 1718. 2. *v. in* 8.   15. 1.

1693 Mém. de la Ducheffe de Nemours. *Col.* 1709. *in* 12.   1. 5.

1694 Mém. de M. L. (Lenet,) fur les Guerres civiles de 1649. & fuiv. 1729. 2. *v. in* 12.   9. "

1695 Lettres du Card. Mazarin , conten. la Négociat. de la Paix des Pyrenées. *Amft.* 1745. 2. *v. in* 12.   9. 19.

1696 Hift. des Démêlés de la Cour de France avec la Cour de Rome , au fujet de l'Affaire des Corfes, par Regnier Defmarais. (*Par. Imprim. R.*) 1707. *in* 4. *avec la figure de la Pyramide.*   6. "

1697 Mém. touchant M. de Thou & fon Ambaffade en Hollande. *Col.* 1710. *in* 8.   1. 5.

1698 Hiftoire d'Henriette d'Angleterre, femme de Philippe Duc d'Orléans , par Mad. de la Fayette. *Amft.* 1720. *in* 8.   2. 12.

1699 La même. *Amft.* 1742. .... Mém. de la Cour de France en 1688. & 89. par la même. *Ibid. in* 12.   4. "

1700 Mém. de M. d'Artagnan , (par de Courtilz.) *Amft.* 1715. 3. *v. in* 12.   6. 19.

1701 Lettres hiftoriques de Pelliffon , contenant les Campagnes de Louis XIV. *Par.* 1729. 3. *v. in* 12.   6. 4.

1.	9.	1702 Testament politiq. de M, Colbert. *La Ha*[ye] 1694. *in* 12.
2.	12.	1703 Vie de M. Colbert. *Col.* 1695. *in* 12.
1.	"	1704 Testament politique de M. de Louvois. *Co*[l.] 1695. *in* 12.
2.	"	1705 Mém. de la Vie du Duc de Montausier, écri[t] sur les Mém. de la Duchesse d'Uzès sa fille, (pa[r] le P. le Petit.) *Rotterd.* 1731. 2. *tom. en* 1. *v. i*[n] 12.
2.	16.	1706 Mém. du Marq. de Montglat. *Amst.* 1727. 4[.] *tom. en* 2. *v. in* 12.
1.	15.	1707 Mémoires du Marquis de la Fare. *Amst.* 173[4.] *in* 8.
8.	"	1708 Mém. du Marquis de Feuquieres. *Lond.* 1736[.] *in* 4.
1.	10.	1709 Mém. du Comte de Chavagnac. *Amst.* 170[1.] *in* 12.
1.	10.	1710 Mém. de M. de la Fontaine, (par de Courtilz[.]) *Col.* 1710. *in* 12.
1.	10.	1711 Mém. de l'Abbé de Choisy. *Utrecht* 1727. 3[.] *tom. en* 1. *v. in* 8.
4.	1.	1712 Mém. du Comte de Forbin. *Amst.* 1729. 2[.] *v. in* 12.
5.	"	1713 Annales de la Cour & de Paris 1697. & 98[.] (par de Courtilz.) *Amst.* 1706. 2. *v. in* 12.
7.	15.	1714 Lettres & Mém. concernant la Guerre pré[-] sente; (ou Lettres d'un Suisse; par de la Chap[-] pelle.) *Basle* 1703. *& suiv.* 8. *v. in* 12.
9.	"	1715 La Guerre d'Espagne, de Baviere & de Flan[-] dre, ou Mém. du Marquis D***. *Cologne* 1707[.] *in* 12. *fig.*
5.	1.	1716 La Guerre d'Italie, ou Mém. du Comte D***[.] *Col.* 1710. 2. *v. in* 12. *fig.*
7.	19.	1717 Vie de Philippe D. d'Orléans. *Lond.* 1736. 2[.] *v. in* 12. *fig.*
6.	19.	1718 Mém. de la Régence de M. le Duc d'Orléans[.] *La Haye* 1736. 3. *v. in* 12. *fig.*

1719.

1719 Mém. du Maréchal de Villars. *Amst.* 1736. 3. v. *in* 12.   4 . 19.

1720 Lettres & Négociat. de M. Van Hoey, Ambassadeur de Holl. en France. *Lond.* 1743. & 44. 2. *tom. en* 1. *v. in* 12.   5 . 1.

Histoire des Provinces & Villes de France.

1721 Hadr. Valesii Notitia Galliarum. *Paris.* 1675. *in fol.*   8 . "

1722 Dictionnaire de la France. *Par.* 1726. 3. v. *in fol.*   27 . 19.

1723 Dénombrement du Royaume, par Généralités, Elections, Paroisses, & Feux. *Par.* 1709. 2. v. *in* 12.   2 . 1.

1724 Description de la France, par M. Piganiol de la Force. *Par.* 1718. 6. v. *in* 12. *fig.*   9 . 10.

1725 Guide des Chemins de France, par Daudet. *Par.* 1724. *in* 12.

1726 Liste des Postes de France. *Par.* 1739. *in* 12.   " . 13.

1727 Voyage de France, par M. Piganiol de la Force. *Par.* 1724. *in* 12. *avec des Cartes.*   2 . 4.

1728 Antiquités des Villes de France, par du Chesne. *Par.* 1624. *in* 8.   1 . "

1729 Guide des Etrangers dans la Ville de Paris. *Par.* 1716. *in* 12.   1 . 12.

1730 Description de Paris, par Brice. *Par.* 1706. 2. v. *in* 12. *fig.*   2 . 5.

1731 La même. *Par.* 1717. 3. v. *in* 12. *fig.*   6 . "

1732 Mémorial de Paris & de ses environs, par l'Abbé Antonini. *Par.* 1734. *in* 12.   1 . 10.

1733 Antiquités de Paris, par du Breul. *Par.* 1612. *in* 4.   6 . 5.

1734 Antiquités de Paris, par Malingre. *Par.* 1640. *in fol.*   2 . "

1735 Antiquités de Paris, par Sauval. *Par.* 1724. 3. v. *in fol.*   18 . "

6 . „ 1736 Paris ancien & nouveau, par le Maire. *Par.* 1698. 3. *v. in* 12.

67 . „ 1737 Hist. de Paris, par Felibien & Lobineau. *Par.* 1725. 5. *v. in fol. fig.* G. P.

1 . 1. 1738 Description de Versailles & de Marly, par M. Piganiol de la Force, *Par.* 1701. *in* 12. *fig.*

4 . 1. 1739 Histoire de la Ville de Beauvais, par Louvet. *Rouen* 1614. *in* 8.

6 . 16. 1740 Hist. & Antiquités du Beauvoisis, par le même. *Beauvais* 1631. & 35. 2. *v. in* 8.

1741 Remarques sur la Noblesse Beauvoisine, par le même. *Beauvais* 1640. *in* 8.

4 . „ 1742 Mém. de Beauvais & du Beauvaisis, par Loisel. *Par.* 1617. *in* 4.

5 . „ 1743 Hist. de la Ville & des Seigneurs de Coucy, par D. du Plessis. *Par.* 1728. *in* 4.

3 . „ 1744 Hist. de Soissons, par Dormay. *Soissons* 1663. 2. *tom. en* 1. *v. in* 4.

3 . 1. 1745 Mém. concernant la Champagne. *MS. in* 4.

3 . 12. 1746 Mém. de la Province de Champagne, par Baugier. *Châlons* 1721. 2. *tom. en* 1. *v. in* 8.

3 . 12. 1747 Dessein de l'Hist. de Reims, par Bergier. *Reims* 1635. *in* 4. *fig.*

2 . 15. 1748 Hist. d'Evreux, par le Brasseur. *Par.* 1722. *in* 4.

10 . „ 1749 De falsa Regni Yvetoti Narratione Fragmentum. *Par.* 1615. *in* 8. ...... Preuves de l'Hist. du Royaume d'Yvetot, par Ruault. *Par.* 1631. *in* 4.

3 . „ 1750 Hist. du Perche & d'Alençon, par Bry de la Clergerie. *Par.* 1620. *in* 4.

2 . 10. 1751 Mém. des Comtes du Maine, par Trouillart. *Mans* 1643. *in* 8.

7 . 19. 1752 Hist. du Gastinois, Senonois & Hurpois, par Morin. *Par.* 1630. *in* 4.

5 . „ 1753 Histoire de Blois, par Bernier. *Paris* 1682. *in* 4.

1754 Le Paradis délicieux de la Touraine, par Mar-teau. *Par.* 1663. *in* 4.   2. „

1755 Hist. de Berry, par Chaumeau. *Lyon* 1566.   7. 19.

.... Hist. agrégative d'Anjou, par J. de Bour-digne. *Par.* 1529. *in fol.*

1756 Antiquités & Priviléges de Bourges, & de plu-sieurs Villes capit. du Royaume, par Chenu. *Par.* 1621. *in* 4.   6. 16.

1757 Hist. de l'Etablissement des Bretons dans les Gaules, par de Vertot. *Par.* 1720. 2. *v. in* 12.   9. „

1758 Description du Gouvernement de Bourgogne, par Garreau. *Dijon* 1717. *in* 8.   1. 10.

1759 Hist. de Chalon sur Saone, (par Léonard Ber-taud & Pierre Cusset.) *Lyon* 1662. 2. *tom. en* 1. *v. in* 4.   6. „

1760 Histoire de l'Abbaye & Ville de Tournus, par Chifflet. *Dijon* 1664. *in* 4.   4. 6.

1761 Origines de Clairmont, par Savaron ; avec les addit. de P. Durand. *Par.* 1662. *in fol.*   7. 19.

1762 Chronique Bourdeloise, par de Lurbe ; cor-rigée & augmentée. *Bourd.* 1672. *in* 4.   „ 5.

1763 Hist. de Dauphiné, par de Valbonnays. *Gene-ve* 1722. 2. *v. in fol.*   15. 19.

1764 Hist. des Dauphins François, & des Dauphi-nes. *Par.* 1713. *in* 12.   2. 5.

1765 Histoire de la Ville & Diocèse de Toul, par Benoist de Toul. *Toul* 1707. *in* 4.   4. 2.

1766 Hist. d'Alsace, par Laguille. *Strasb.* 1727. 2. *tom. en* 1. *v. in fol.*   19. „

Mélanges de l'Histoire de France, Actes, Traités, Piéces, &c.

1767 Remontrances à Louis XI. sur les Libertés Gallic. & les Doléances du Peuple ; plus l'Insti-tution de l'Ordre de Saint Michel ; & les Etats de Tours sous Charles VIII. *Par.* 1560. *in* 8.   9. „

1768 Réponse aux Remontrances faites à l'Emp. sur la restitution du Royaume de Navarre & Duché de Milan. *Par.* 1542. *in* 8.

1769 Recueil de Harangues, Remontrances, & Discours d'Etat, par Jean de Lannel; (où se trouve un Discours des Obséques de Charles IX. qui n'est point dans le Cérémonial de Godefroy.) *Par.* 1622 *in* 8.

1770 Le Tocsin contre les Massacreurs. *Reims* 1579. *in* 8. *mar.*

1771 Le Miroir des François, par Nic. de Montand. 1581. *in* 8.

1772 La Fulminante, pour Henry III. contre Sixte V. & le Francophile, pour Henry IV. contre le Roy d'Espagne. 1606. *in* 12.

1773 Moyens d'Abus de la Bulle de Sixte V. contre Henry Roi de Navarre. 1586. *in* 8.

1774 De l'état & succès des Affaires de France, par du Haillan. *Par.* 1619. *in* 8.

1775 L'Anti-Hermaphrodite, ou le Secret de réparer les désordres de ce Royaume. *Par.* 1606. *in* 8.

1776 Recueil de Mémoires pour l'Hist. de France, commençant aux Lettres du Duc d'Epernon. *Par.* 1626. *in* 4.

1777 Recueil de Piéces faites pendant le régne du Connétable de Luynes. 1622. *in* 8.

1778 Les Savoisiennes. *Grenoble* 1630. *in* 8.

1779 Recueil de Piéces pour servir à l'Histoire, (par le Marq. du Chastelet.) 1638. *in* 4.

1780 Vérités Françoises opposées aux Calomnies Espagnoles. *Par.* 1643. *in* 4.

1781 Journal du Parlement, & autres Piéces de 1648. 49. 50. 51. & 52. (appellées vulgairement Mazarinades.) 16. *v. in* 4.

1782 Le Courrier burlesque de la Guerre de Paris. *Anvers* 1650. *in* 12.

1783 Jugement de tout ce qui a été imprimé contre le Card. Mazarin en 1649. (par Naudé :) 2ᵉ édit. de 717. pag. *In* 4. *G. P.*   18. 10.

1784 Recuil de Piéces histor. conten. l'Expédition de Gigery, &c. *Col.* 1666. *in* 12.   3. 5.

1785 La France ambitieuse. *Ratisb.* 1689. *in* 12.   1. 10.

Traités singuliers de la Souveraineté & autres Droits du Roi de France ; ensemble, ceux concernant la Politique & le Gouvernement du Royaume.

1786 Recherches des Monnoyes de France, par Bouterouë. *Par.* 1666. *in fol. fig.*   44. "

1787 Traité historiq. des Monnoyes de France, par le Blanc. *Par.* 1703. *in* 4. *fig.*   12. "

1788 Recherche des Droits du Roi & de la Couronne de France sur divers Etats, &c. par de Cassan. *Par.* 1634. *in* 4.   " 16.

1789 Traité des Droits du Roi, par Dupuy. *Par.* 1655. *in fol.*   5. "

1790 Des justes Prétentions du Roy sur l'Empire, par Aubery. *Par.* 1667. *in* 12.   }

1791 L'Avocat condamné, contre les Prétentions du Roi sur l'Empire. 1669. *in* 12.   1. 4.

1792 Traité des Droits de la Reine sur divers Etats de la Monarchie d'Espagne, (par Billain.) *Par. Impr. R.* 1667. *in* 4. *G. P.*   }

1793 Les mêmes. *Ibid. in* 12.   " 12.

1794 Parallele des Romains & des François, par rapport au Gouvernement ; (par M. Bonnot de Mably.) *Par.* 1740. 2. *v. in* 12.   3. 5.

1795 Le Secret des Finances de France, par Froumenteau. 1581. *in* 8.   6. 19.

1796 Le Cabinet du Roi de France, les trois Perles ; (par Froumenteau.) 1582. *in* 8. *mar.*   24. "

1797 Hist. de l'ancien Gouvernement de la France, & des Etats Généraux ; avec des Mémoires pré-   10. 2.

fentés à M. le Regent, par le C. de Boulainvil-
liers. *La Haye* 1727. 4. *v. in* 12.

45.　1.　1798 Etat de la France, par le Comte de Boulain-
villiers. *Lond.* 1727. 3. *v. in fol.*

2.　4.　1799 Syftême d'un nouveau Gouvernement en Fran-
ce, par de la Jonchere. *Amft.* 1720. 4. *tom. en*
1. *v. in* 12.

3.　1.　{1800 Les Affaires qui font aujourd'huy entre les Mai-
fons de France & d'Auftriche. 1662. *in* 12.
1801 La Monarchie univerfelle de Louis XIV. trad.
de l'Ital. de Leti. *Amft.* 1701. 2. *v. in* 12.

1.　6.　1802 Détail de la France, fous le régne préfent,(par
de Boifguillebert.) 1707. 2. *v. in* 12.

1.　10.　1803 Projet d'une Dixme Royale, par le M. de
Vauban. 1707. *in* 12.

10.　"　1804 Hift. du Syftême des Finances fous la Mino-
rité de Louis XV. *La Haye* 1739. 6. *tom. en* 3.
v. in 12. *fig.*

Hiftoire des Etats Généraux, Dignités & Offices,
& des Cérémonies du Royaume de France.

5.　"　{1805 Recueil des Etats depuis Charles VI. jufqu'à
Louis XIII. *Par.* 1651. *in* 4.
1806 Recueil des Etats de Paris de 1614. par Ra-
pine. *Par.* 1651. *in* 4.

3.　"　1807 Caracteres de la Famille Royale, des Minif-
tres & principales Perfonnes de la Cour de Fran-
ce. *Villefranche* 1703. *in* 12.

"　10.　1808 L'Apanage de M. le Duc d'Orléans Gafton de
France, par Pietre. *Par.* 1656. *in* 4.

1.　16.　1809 Recueil de Piéces de l'Affaire des Princes du
Sang & Légitimés. *In* 8.

6.　1.　1810 Hift. des Chanceliers & Gardes des Sceaux,
par du Chefne. *Par.* 1680. *in fol. fig.*

1.　4.　1811 Le Grand Aumônier de France, par Roulliard.
Par. 1607. *in* 8.

1812 Tableau de la Vie & du Gouvernement de Ri-   8 . 10 .
chelieu, Mazarin & Colbert. *Col.* 1693. *in* 8.

1813 Hift. des Secrétaires d'Etat , par Fauvelet-du-   7 . "
Toc. *Par.* 1667. *in* 4. *fig.*

1814 Abregé de l'origine , progrès & état actuel de   30 . "
la Maifon du Roi, & de toutes les Troupes de
France , par Lamoral le Pippre de Nœufville.
Liege 1734. 3. *v. in* 4. *fig.*

1815 V^e. Abrégé de la Carte du Militaire de France ,   "   10 .
par Lemau de la Jaiffe. *Par.* 1739. *in* 8.

1816 Les Préfidens au Mortier , & les Confeillers   12 . 1 .
du Parl. de Paris , par Blanchard. *Par.* 1647. *in*
fol. fig.

1817 Le Parlement de Bourgongne, par Palliot. *Di-*   18 . 19 .
jon 1649. *in fol. fig.*

1818 Etat de la France. *Par.* 1736. 5. *v. in* 12.   3 . 1 .

1819 Etat de la France. *Par.* 1749. 6. *v. in* 12.   16 . 10 .

1820 Cérémonial François , par Godefroy. *Paris*   11 . 6 .
1649. 2. *v. in fol.*

1821 Hiftoire des Sacres & Couronnemens de nos   "   13 .
Rois, depuis Clovis jufqu'à Louis XV. par R.
C**. *Reims* 1722. *in* 8.

VII. *Hiftoire d'Allemagne , des Pays-Bas,*
Royaux & Confédérés ; de la Lorraine,
Suiffe , & Geneve.

1822 Hiftoire de la Décadence de l'Empire, après   1 . 1 .
Charlemagne , par Maimbourg. *Par.* 1682. 2. *v.*
in 12.

1823 Inftruct. fur l'Hift. des Empereurs d'Occident,   "   15 .
par demandes & réponfes. *Par.* 1693. *in* 12.

1824 Hift. de l'Empire, par Heiff: nouv. édit. con-   16 . 5 .
tinuée par M. Vogel. *Par.* 1731. 10. *v. in* 12.

1825 La Bulle d'Or , l'Election & Couronnement   2 . 10 .
de l'Empereur ; les Prérogatives des Electeurs &

Princes de l'Empire. *Par.* 1711. *in* 12.

12. 1826 Hist. de l'Emp. Charles V. traduite de l'Espagnol de Vera & Figueroa par du Perron le Hayer. *Par.* 1662. *in* 4.

4. 15. 1827 Vie de l'Emp. Charles V. trad. de l'Italien de Leti. *Bruffel.* 1715. 4. *v. in* 12. *fig.*

10. 1828 Etat préfent des Affaires d'Allemagne ; avec la Relat. de la Campagne de M. de Turenne de 1674. & 75. par Bruneau. *Par.* 1675. *in* 12.

6. 10. { 1829 Etat préfent de l'Empire d'Allemagne , trad. du Lat. de Mofambano. *Par.* 1696. *in* 12.

1830 Hist. de l'Emp. Charles VI. & des Révolutions fous les Princes de la Maifon d'Auftriche; avec le Différend pour la Siléfie entre la Reine de Hongrie & le Roi de Pruffe ; par M. L. D. M. *Amft.* 1741. 2. *v. in* 12.

4. 1. 1831 Mém. pour fervir à l'Hiftoire du Prince Eugene de Savoye, par M. d'Artanville. *La Haye* 1710. 2. *v. in* 12.

7. 1832 Hift. de la Guerre préfente, & des Négociat. pour la Paix, avec la Vie du Prince Eugene; par Maffuet. *Amft.* 1737. 5. *v. in* 12.

14. 1833 Histoire du Prince Eugene de Savoye. *Amft.* 1740. 5. *v. in* 8. *fig.*

9. 10. { 1834 Manifefte de Charles-Louis Comte Palatin; conten. fes Droits en l'Electorat ; trad. de l'Allemand. 1639. *in* 4.

1835 Hift. de Frederic-Guillaume I. Roi de Pruffe, par M. de M. *Amft.* 1741. 2. *v. in* 12.

9. 2. 1836 Relat. des Cours de Pruffe & de Hanovre, trad. de l'Anglois. *La Haye* 1706. *in* 8. *fig.*

4. 16. 1837 Mém. de M. de la Colonie, dep. 1692. jufq' 1717. *Brux.* 1737. 2. *v. in* 12.

1. 10. 1838 Mém. de Hambourg, de Lubeck & de Holftein, de Dannemarck, de Suéde, & de Pologne ; par Aubery du Maurier. *Amft.* 1736. *in* 12.

1839

1839 Marchantii Flandriæ Defcriptio. *Antverp.* " 10.
  1596. *in 8.*

1840 Reidani Annales Belgarum, interprete Voffio. 1. 5.
  Lugd. B. 1633. *in fol.*

1841 Strada de Bello Belgico. *Antverp.* 1640. 2. *v.* 1. 4.
  in 8. fig.

1842 Hift. delle Guerre della Germania Inferiore, " 19.
  da Coneftaggio. *Holl.* 1634. *in 8.*

1843 Hift. d'Alex. Farnefe D. de Parme, par D. M. 1. 19.
  (du Mont.) *Amft.* 1692. *in 12.*

1844 Hift. de Tournay, par Coufin. *Douay* 1619. 11. 19.
  4. *tom. en* 1. *v. in* 4.

1845 Etat & Gouvernement des Provinces Confédé- " 10.
  rées au Païs-Bas. 1653. *in* 12.

1846 Hift. abrégée des Provinces-Unies des Pays- 3. "
  Bas. *Amft.* 1701. *in fol. fig.*

1847 Hift. des Provinces-Unies des Pays-Bas, par 27. "
  le Clerc. *Amft.* 1723. *& fuiv.* 1. *tom. en* 2. *v.*
  in fol. fig.

1848 Etat préfent de la République des Provinces- 3. "
  Unies, par Janiçon. *La Haye* 1729. 2. *v. in*
  12.

1849 Hift. Métalliq. de la Répub. de Hollande, par 3. 10.
  Bizot. *Par.* 1687. *in fol. fig.*

1850 Mém. de la Famille & de la Vie de Mad. *** 4. "
  conten. des particularités de l'Hift. de Hollande.
  La Haye 1710. *in* 12.

1851 Lettres fur la Hollande, par de la Barre de 3. 8.
  Beaumarchais. *Holl.* 1738. *in 8.*

1852 Tréfor du Commerce des Hollandois. *Rouen* 1. "
  1713. *in* 12.

1853 Hift. du Stathouderat, (par l'Abbé Raynal.) 5. 2.
  La Haye 1747. *in* 12.

1854 Entrée de Henry II. Duc de Lorraine à 10. 3.
  Nancy en 1670. gravée par Merian. *In fol.*

1855 Mém. du Marq. de Beauvau. *Col.* 1687. *in*
  12. *mar.*

9. „ { 1856 Histoire de l'Emprisonnement de Charles IV. Duc de Lorraine, par du Bois. *Col.* 1688. *in* 12.

10. „ 1857 Hist. de Geneve, par Spon : nouv. édit. augmentée. *Geneve* 1730. 2. *v. in* 4. *fig.*

VIII. *Histoire d'Espagne, & de Portugal.*

2. 1. 1858 Inventaire des plus curieuses Recherches d'Espagne, trad. de l'Espagnol de Salazar. *Par.* 1612. *in* 8.

1. 10. 1859 Inventaire de l'Hist. de l'Espagne, extrait de Mariana & autres Auteurs, par P. M. L. H. *Par.* 1628. *in* 4.

18. „ 1860 Hist. d'Espagne, tirée de Mariana & autres, par l'Abbé de Bellegarde. *Par.* 1723. 9. *v. in* 12. *fig.*

2. „ 1861 Hist. des deux Conquêtes d'Espagne par les Mores ; trad. nouv. (par Lobineau.) *Par.* 1708. *in* 12.

8. „ 1862 Petri Martyris Epistolæ, & Ferdin. de Pulgar Epistolæ ; quibus agitur præcipuè de Rebus Hispanicis. *Amst.* 1670. *in fol.*

2. 13. 1863 Relation de l'Etat & Gouvernement d'Espagne, (par de Saint-Maurice.) *Cologne* 1666. *in* 12.

4. „ 1864 Histoire du Card. Ximenés, par M. Flechier. *Par.* 1693 *in* 4.

12. 1. 1865 Vie de Philippe II. Roi d'Espagne, trad. de l'Ital. de Leti. *Amst.* 1734. 6. *v. in* 12.

2. 13. 1866 Actions & Paroles remarquables de Philippe II. trad. de l'Espagnol. *Col.* 1671. *in* 12.

9. „ 1867 Parallele de Philippe II. & de Louis XIV. par J. J. Q. *Col.* 1709. *in* 12. *br.*

7. 1. { 1868 Cartas y Relaciones d'Ant. Perez. *Par.* 1598. 2. *v. in* 8.

{ 1869 Hist. du Card. Portocarrero. *Holl.* 1710. *in* 12.

1870 Lettres de Filtz-Moritz, fur les Affaires d'Ef- 1 . 10 .
pagne, trad. de l'Anglois. *Amft.* 1718. *in* 12.

1871 Mémoires curieux envoyés de Madrid, (par " 10 .
Amelot de la Houſſaie.) *Par.* 1670. *in* 12.

1872 Hiſt. de Portugal, par M. de la Clede. *Par.* 16 . 19 .
1735. 2. *v. in* 4.

1873 Hiſt. des Révolutions de Portugal, par l'Ab- 3 . "
bé de Vertot. *Par.* 1722. *in* 12.

1874 Obſerv. fur le Livre Latin de Caramuel, intit. " 10 .
Philippe le Prudent vérifié Roi légitime de Por-
tugal. *Par.* 1641. *in* 8.

1875 Relat. des Troubles de la Cour de Portugal en " 10 .
1667. & 68. *Amft.* 1674. *in* 12.

1876 Deſcription de la Ville de Liſbonne. *Par.* 1 . 6 .
1730. *in* 12.

IX. *Hiſtoire de la Grande Bretagne, Angle-
terre, Ecoſſe & Irlande.*

1877 Hiſt. d'Angleterre, par du Cheſne. *Par.* 1641. 1 . 16 .
in fol.

1878 Méthode pour apprendre l'Hiſt. d'Angleterre,
par demandes & rep. *Par.* 1697. *in* 12. } 4 . "
1879 Hiſt. ſecrette des Rois & Reines d'Angleterre,
trad. de l'Anglois. *Amft.* 1729. 3. *v. in* 12.

1880 Abrégé chronol. de l'Hiſtoire d'Angleterre, 10 . 10 .
avec des notes, par J. G. D. C. *Amft.* 1730. 6. *v.*
in 12.

1881 Hiſt. d'Angleterrre, par de Rapin Thoyras. 60 . "
La Haye 1727. *& ſuiv.* 13. *v. in* 4.

1882 Hiſt. des Révolutions d'Angleterre, par d'Or- 8 . 12 .
léans. *La Haye* 1723. 3. *v. in* 12. *fig.*

1883 La même. *La Haye* 1729. 3. *tom. en* 1. *v.* 10 . 12 .
in 4.

1884 Hiſt. de Guillaume le Conquérant, par l'Abbé 6 . "
Prevoſt. *Par.* 1742. 2. *v. in* 12.

1885 Mémoires d'Angleterre, contenant l'Hiſtoire 1 . 8 .

des deux Roſes ou les Différends des Maiſons d'Yorck & de Lancaſtre. *Amſterdam* 1726. *in* 12.

6 . „ . 1886 Hiſt. de Marguerite d'Anjou Reine d'Angleterre, par l'Abbé Prevoſt. *Amſt.* 1740. 4. *tom. et* 2. *v. in* 12.

12 . 1887 Hiſt. des Troubles de la Grande Bretagne, par Mentet de Salmonet. *Par.* 1649. *in* 4.

3 . „ 1888 Theatrum tragicum Actorum Londini publicè celebratorum. *Amſt.* 1649. *in* 8. *fig. mar.*

11 . 2 . 1889 Hiſt. des Guerres civiles d'Angleterre, depuis 1641. juſqu'en 1660. trad. de l'Anglois du Comte de Clarendon. *La Haye* 1704. 6. *v. in* 12.

4 . „ 1890 Hiſt. d'Olivier Cromwel, par Raguenet. *Par.* 1691. *in* 4.

1 . 19 . 1891 La même. *Par.* 1691. 2. *v. in* 12.

1 . 19 . 1892 Hiſt. ſecrette des Rois Charles II. & Jacques II. trad. de l'Anglois. *Col.* 1690. *in* 12.

9 . 10 . 1893 Mém. pour ſervir à l'Hiſtoire d'Anglet. ſous Charles II. & Jacq. II. trad. de l'Anglois de Gilbert Burnet. *La Haye* 1725. 3. *v. in* 12.

9 . 15 . 1894 Hiſt. des dernieres Révolutions d'Anglet. depuis le Rétabliſſement de Charles II. juſqu'à l'avenement du Roi Guillaume, trad. de l'Anglois de Burnet. *La Haye* 1727. 3. *v. in* 12. *fig.*

5 . 8 . 1895 Mém. de Ludlow, trad. de l'Anglois. *Amſt.* 1699. 3. *v. in* 12.

„ 10 . 1896 Relat. des Ambaſſades du Comte de Carliſle, trad. de l'Anglois. *Rouen* 1670. *in* 12.

1 . 11 . { 1897 Mém. du Chevalier Temple, trad. de l'Anglois. *La Haye* 1693. *in* 12.
{ 1898 Procès de Coleman. *Hambourg* 1679. *in* 12.

1 . 9 . 1899 Mém. de Melvil. *Par.* 1695. 2. *v. in* 12.

3 . 19 . 1900 Mém. de ce qui s'eſt paſſé ſur Mer dep. 1688. juſq. 1697. trad. de l'Anglois de Burchett. *Amſterd.* 1704. *in* 12.

6 . 19 . 1901 Supplément de la Criſe, ou Relat. du Débat

sur l'Abdication du Roy Jacques, &c. traduit de l'Anglois de Steele. *Amst.* 1714. ..... Recueil de Piéces du même Steele, sur la démolition de Dunkerque, &c. trad. de l'Anglois. *Ibid.* ..... Le Chevalier de S. Georges réhabilité, trad. de l'Anglois. *Witehall* 1713. ...... Hist. du dernier Parlement d'Anglet. trad. de l'Anglois. 1713. ..... Entretien sur l'Enlevement de M. de Beringhen, &c. *Cologne* 1713. *in* 8.

1902 Histoire de Guillaume III. par P. Samson. *La Haye* 1703. 3. *v. in* 12. *fig.*   6. 10.

1903 Etat d'Angleterre sous Guillaume & Marie, trad. de l'Anglois de Chamberlain par de Neuville. *La Haye* 1692. 2. *v. in* 12.   2. "

1904 Mém. du Duc d'Ormond, trad. de l'Anglois. *La Haye* 1737. 2. *tom. en* 1. *v. in* 8.   3. "

1905 Mém. du Régne de George I. *La Haye* 1729. *& suiv.* 5. *v. in* 8.   9. "

1906 Hist. du Droit hérédit. de la Couronne d'Angleterre en faveur du Prince de Galles, réfutée; trad. de l'Anglois. *La Haye* 1714. *in* 8.   2. 4.

1907 Recueil de Piéces concernant le Gouvernement d'Angleterre, trad. de l'Anglois; avec l'Abdication du Roi de Sardaigne. *La Haye* 1734 .... La Politique des deux Partis, trad. de l'Anglois. *Ibid. in* 12.   2. 10.

1908 Dissertation sur les Whigs & les Thorys, par de Rapin Thoyras. *La Haye* 1717. *in* 12.

1909 Hist. de Marie Stuart Reine d'Ecosse, avec ses Lettres; (par M. de Marsy.) *Lond.* 1742. 3. *v. in* 12.   } 4. "

X. *Histoire des Pays Septentrionaux, Danemarc, Suede, Moscovie, Pologne, Hongrie, & Transylvanie.*

1910 Gothicarum & Langobardicarum Rerum Scriptores; ex edit. Vulcanii. *Lugd. B.* 1617. *in* 8.   1. 10.

18 . 1 . 1911 Histoire de Dannemarc, par des Roches. *Par.* 1732. 9. tom. en 8. v. *in* 12.

" . 10 . 1912 Etat du Royaume de Danemarc en 1692. trad. de l'Anglois (de Molesworth.) *Amst.* 1695. *in* 12.

" 10 . 1913 Mém. de Molesworth Envoyé d'Angleterre en Danemarc, trad. de l'Anglois. *Nancy* 1694. *in* 8.

1 . " { 1914 Réponse à M. de Bonrepaus Ambassadeur en Danemarc. *Col.* 1695. *in* 12.

{ 1915 Défense du Danemarc, contre la Relat. de l'état de Danemarc, trad. de l'Anglois. *Cologne* 1696. *in* 12.

4 . 12 . 1916 Hist. des Révolutions de Suede, par de Vertot. *Par.* 1722. 2. v. *in* 12.

" 10 . 1917 Burgus de Bello Suecico Gustavi Adolphi. *Leodii* 1643. *in* 12. *fig.*

6 . 19 . 1918 Vie de la Reine Christine, avec la Défense du Marq. de Monaldeschi. *Stocholm* 1677. *in* 12.

24 . " 1919 De Pufendorf de Gestis Caroli Gustavi Regis Sueciæ. *Norimb.* 1696. 2. v. *in fol. fig.*

1 . 19 . 1920 Mém. de Suede & des Négociations de M. Chanut, par de Vauciennes. *Par.* 1675. 3. v. *in* 12.

2 . 1 . 1921 Histoire de Charles XII. par M. de Voltaire. *Basle* 1731. 2. v. *in* 8.

1 . 4 . 1922 Etat présent de la Suede, trad. de l'Anglois de Robinson. *Amst.* 1720. *in* 8.

" 15 . 1923 Description de la Livonie. *Utrecht* 1706. *in* 12.

9 . " 1924 Hist. de Pierre I. Emp. des Russies. *Amsterd.* 1742. 3. v. *in* 12. *fig.*

1 . 4 . 1925 Anecdotes du Régne du Czar Pierre le Grand. 1745. 2. v. *in* 12.

2 . 15 . 1926 Mém. du Régne de Catherine Impératrice de Russie. *La Haye* 1728. *in* 12. *fig.*

" 10 . 1927 Etat présent de la Grande Russie ou Moscovie,

trad. de l'Anglois de Perry. *Par.* 1718. *in* 12.

1928 Mém. fur l'état préfent de la Grande Ruffie ou Mofcovie. *Amft.* 1725. 2. *v. in* 12.   1 . 10 .

1929 Hift. de la Laponie, trad. du Latin de Schef-fer par Lubin. *Par.* 1678. *in* 4. *fig.*   3 . "

1930 Relation hiftoriq. de la Pologne, par Roche-reau de Hauteville. *Par.* 1697. *in* 12.   . 10 .

1931 Difcours fur le Gouvernement de la Pologne, ou Politique des Polonois. *Par.* 1670. *in* 12.   . 10 .

1932 Hift. de la Guerre des Cofaques contre la Po-logne, par Chevalier. *Par.* 1663. *in* 12.

1933 Hift. des Révolutions de Hongrie; avec les Mém. du Prince Rakoczy, & ceux du Comte Niklos. *La Haye* 1739. 2. *tom. en* 1. *v. in* 4.   8 . 12 .

1934 Mém. hiftoriq. du Comte Betlem - Niklos, contenant les derniers Troubles de Tranfylva-nie. *Amft.* 1736. 2. *tom. en* 1. *v. in* 12.   2 . 1 .

XI. *Hiftoire des Pays Etrangers hors l'Europe, en Afie, Afrique & Amérique.*

1935 Bibliotheque Orientale, par d'Herbelot. *Par.* 1697. *in fol.*   30 . 1 .

1936 Vie de Mahomet, trad. de l'Anglois de Pri-deaux. *Amft.* 1698. *in* 12.   3 . 19 .

1937 Vie de Mahomed, par le Comte de Boulain-villiers. *Amft.* 1731. *in* 8.   3 . "

1938 Vie de Mahomet, par Gagnier. *Amft.* 1732. 2. *v. in* 12.   6 . 19 .

1939 Hift. des Turcs, trad. de Chalcondyle par de Vigenere; & continuée par de Mezeray. *Par.* 1662. 2. *v. in fol. fig. G. P.*   10 . 1 .

1940 Hift. de l'Empire Ottoman, trad. de l'Italien de Sagredo par Laurent. *Amft.* 1724. 7. *tom. en* 4. *v. in* 12.   7 . 10 .

1941 Anecdotes ou Hift. fecrette de la Maifon Ot-   3 . 1 .

tomane. *Amsterd.* 1722. 4. *tomes en* 2. *v. in* 12.

1942 Etat préfent de l'Empire Ottoman, trad. de l'Anglois de Ricaut par Briot. *Amft.* 1671. *in* 12. *fig.*

1943 Relat. de l'Ambaſſade de M. de Guilleragues à Conſtantinople. *Chio (Holl.)* 1682. *in* 12.

1944 Hiſt. delle Guerre preſenti di Candia, da Velaio. *Velletri* 1647. *in* 4.

1945 Mém. des Guerres de Candie, par de la Solaye. *Par.* 1670. *in* 12.

1946 Recueil de Piéces, dont la premiere eſt une Relation de Candie en 1669. *In* 4.

1947 Hiſt. della Guerra ſacra di Gieruſalemme, trad. dal Lat. di Guglielmo Tirio da Horologgi. *Venet.* 1562. *in* 4.

1948 Hiſt. de la derniere Révolution de Perſe, par du Cerceau. *Par.* 1728. 2. *v. in* 12.

1949 Hiſt. de Timur-Bec ou Tamerlan, par Pétis de la Croix. *Par.* 1722. 4. *v. in* 12.

1950 Hiſt. de Tamerlan, par le P. Margat. *Paris* 1739. 2. *v. in* 12.

1951 Hiſt. des Indes Orient. anciennes & modernes, par l'Abbé Guyon. *Par.* 1744. 3. *v. in* 12.

1952 Théâtre de l'Idolâtrie, ou Mœurs & Religion des Bramines des Côtes de Chormandel ; trad. de l'Anglois de Roger par la Grue. *Amft.* 1670. *in* 4. *fig.*

1953 Hiſt. de l'Iſle de Ceylan, trad. du Portugais de Ribeyro par le Grand. *Par.* 1701. *in* 12. *fig.*

1954 Deſcription de l'Iſle Formoſa en Aſie, dreſſée ſur les Mém. de George Pſalmanaazar. *Amfterd.* 1705. *in* 12. *fig.*

1955 Deſcription du Royaume de Siam, par de la Loubere. *Amft.* 1714. 2. *v. in* 12. *fig.*

1956 Hiſt. de Tunquin & de Lao, trad. de l'Ital. de Marini par le Comte. *Par.* 1666. *in* 4.

1957 La Chine illuſtrée, trad. du Lat. de Kircher par

par F. S. Dalquié. *Amst.* 1670. *in fol. fig.*

1958 Description de la Chine, par du Halde. *Par.* 1735. 4. *v. in fol. fig.*   129 . 19 .

1959 Hist. de la Conquête de la Chine par les Tartares, trad. de l'Esp. de M. de Palafox par Collé. *Par.* 1670. *in* 8.   1 . 17 .

1960 Mém. de la Chine, par le Comte ; avec l'Hist. de l'Edit de l'Emp. de la Chine en faveur des Chrétiens, par le Gobien. *Par.* 1701. 3. *v. in* 12. *fig.*   7 . 10 .

1961 Hist. du Japon, trad. de Kæmpfer. *La Haye* 1729. 2. *v. in fol. fig. G. P.*   19 . 1 .

1962 L'Afrique de Marmol, trad. de l'Esp. par d'Ablancourt. *Par.* 1667. 3. *v. in* 4. *Cartes.*   9 . //

1963 Hist. des Révolutions de l'Empire de Maroc, trad. de l'Anglois de Braitewaite. *Amst.* 1731. *in* 12.   2 . 5 .

1964 Hist. du Régne de Mouley Ismael Roy de Maroc, par Busnot. *Rouen* 1714. *in* 12.
1965 Hist. du Royaume d'Alger, par Laugier de Tassy. *Amst.* 1727. *in* 12.   2 . //

1966 Description de l'Egypte, par l'Abbé le Mascrier. *Par.* 1735. *in* 4. *fig.*   7 . 1 .

1967 Relation historiq. d'Abissinie, trad. du Portugais de Lobo par le Grand. *Par.* 1728. *in* 4. *fig.*   5 . 1 .

1968 Descript. du Royaume de Macaçar, par N. Gervaise. *Par.* 1688. *in* 12.   10 .

1969 Hist. de la Conquête des Isles Moluques, trad. de l'Espagnol d'Argensola. *Amst.* 1706. 3. *v. in* 12. *fig.*   6 . 12 .

1970 Description du Cap de Bonne-Espérance, par Kolbe. *Amst.* 1741. 3. *v. in* 8. *fig.*   8 . 2 .

1971 Hist. du Nouveau Monde, ou Description des Indes Occidental. par de Laët. *Leide, Elzevir,* 1640. *in fol. fig.*   4 . //

1972 Mœurs des Sauvages Amériquains, par Lafi-   15 . 1 .

teau. *Par.* 1724. 2. *volumes in* 4. *figures.*

1 . 1 . 1973 Hiſt. des Conquêtes des Caſtillans dans les Iſſ des Occident. trad. de l'Eſp. d'Herrera par de la Coſte : 3ᵉ. Décade. *Par.* 1671. *in* 4.

6 . 12 . 1974 Hiſt. de l'Amérique Septentr. par de Bacque-ville de la Potherie *Par.* 1722. 4. *v. in* 12. *fig.*

19 . " 1975 Hiſtoire de la Nouvelle France, par le P. de Charlevoix. *Par.* 1744. 6. *v. in* 12. *fig.*

15 . 10 . 1976 Hiſt. de l'Iſle de S. Domingue, par le P. de Charlevoix. *Par.* 1730. 2. *v. in* 4. *fig.*

15 . 19 . 1977 Hiſt. des Yncas Rois du Perou ; avec l'Hiſt. de la Conquête de la Floride, trad. de l'Eſpagnol de Garcilaſſo de la Vega par Baudoin & Richelet. *Amſt.* 1737. 2. *tom. en* 1. *v. in* 4. *fig.*

5 . " 1978 Hiſt. des Guerres civiles des Eſpagnols dans les Indes, trad. de l'Eſpagnol de Garcilaſſo de la Vega par Baudoin. *Amſt.* 1706. 2. *v. in* 12.

XII. *Hiſtoire Généalogique & Héraldique.*

1 . 10 . 1979 Traité de la Nobleſſe, par de la Roque. *Par.* 1678. *in* 4.

18 . 1 . 1980 Diſſertation ſur la Nobleſſe Françoiſe ancienne & moderne. *MS. in* 4.

12 . " 1981 Blaſon des Armoiries, par de Bara. *Paris* 1628. *fig.* ..... Etat & Comportement des Armes, par Scohier. *Par.* 1630. ..... Tableau des Armoiries de France, par Moreau. *Ibid. in fol.*

6 . " 1982 Tréſor Héraldique, ou Mercure Armorial, par Segoing. *Par.* 1657. *in fol.*

21 . 19 . 1983 Science des Armoiries, ou Indice Armorial de Louvan Geliot; augmenté par Palliot. *Dijon* 1660. *in fol. fig.*

1 . 12 . 1984 Méthode raiſonnée du Blaſon, par Meneſtrier. *Lyon* 1696. *in* 12. *fig.*

4 . 12 . 1985 Dictionnaire Héraldique, contenant les Ar-

mes & Blaſons des Princes, &c. par Chevillard.
Par. 1722. *in* 12. *fig.*

1986 Albizii Stemmata Principum Chriſtianorum.
Argent. 1627. *in fol.* .... 1 . 16 .

1987 Généalogies hiſtoriq. des Rois, Empereurs,
&c. & de toutes les Maiſons Souveraines, (par
M. de Chazot.) *Par.* 1736. 4. *v. in* 4. .... 28 . "

1988 Tablettes & Etrennes généal. hiſt. & chronol.
(par le même.) *Par.* 1748. *in* 24. .... 1 . 16 .

1989 Imhoff Genealogiæ XX. illuſtrium in Italia
Familiarum. *Amſt.* 1710. *in fol.* .... 5 . 2 .

1990 Hiſt. généal. de la Maiſon de France, par de
Sainte-Marthe. *Par.* 1628. 2. *v. in fol.* .... 3 . 1 .

1991 Tableaux généalog. de la Maiſon Royale de
France, & des ſix Pairies Laïques, par Labbe.
Par. 1664. ...... Hiſt. des Rois de France, par
le même. *Par.* 1667. *in* 12. .... 1 . 7 .

1992 Tableaux généalogiq. ou les XVI. Quartiers
de nos Rois, Princes & Princeſſes, & Seigneurs
Eccléſiaſt. de ce Royaume ; par J. le Laboureur.
Par. 1683. *in fol. fig.* .... 2 . "

1993 Hiſt. généalog. de la Maiſon Royale, & des
Grands Officiers, par le P. Anſelme ; continuée
par du Fourny. *Par.* 1712. 2. *v. in fol.* .... 5 . 1 .

1994 Hiſt. généal. de la Maiſon Royale, des Pairs,
& Grands Officiers, par le P. Anſelme ; & con-
tinuée juſqu'à préſent. *Par.* 1726. *& ſuiv.* 9. *v.*
in fol. avec les Blaſons. .... 1 o 4 . "

1995 Tables généal. des Maiſons des Ducs & Pairs
de France. *Par.* 1663. *in fol. gravé.* .... 5 . 6 .

1996 Généalogies des Maîtres des Requêtes. *Par.*
1670. *in fol. Blaſons enlum.* .... 1 5 . 5 .

1997 Hiſt. de la Maiſon de Luxembourg, par Vig-
nier ; continuée par Pavillon. *Par.* 1619. *in* 4. .. 3 . "

1998 Hiſt. généal. de la Maiſon de Harcourt, par de
la Roque. *Par.* 1662. 4. *v. in fol.* .... 24 . 10 .

1999 Hiſt. généal. de la Maiſon de Montmorency, .. 5 . 1 .

par du Chesne. *Par.* 1624. *in fol.*

2000 Hist. généal. de la Maison de Chastillon, par du Chesne. *Par.* 1631. *in fol.*

2001 Hist. geneal. de la Maison des Chasteigners, par du Chesne. *Par.* 1634. *in fol.*

2002 Preuves de l'Hist. de la Maison de Coligny, par du Bouchet. *Par.* 1662. *in fol.*

2003 Hist. géneal. de la Maison des Briçonnets, par Bretonneau. *Par.* 1621. *in 4.*

2004 Extrait des Généalogies de plusieurs illustres Familles de Paris. *MS. in 4.*

2005 Nobiliaire de Picardie. *Grand in fol.*

2006 Recueil des nobles & illustres Maisons du Diocèse d'Amiens, par de la Morliere. *Amiens* 1630. *in 4.*

2007 Recherche de la Noblesse de Champagne, par M. de Caumartin. *Châlons* 1673. 2. *v. grand in fol. avec les Blasons enlum.*

2008 Procès verbal de la Noblesse de Champagne, par M. de Caumartin. *Châlons* 1663. *in 8.*

2009 Noms des Nobles de la Province de Normandie, depuis 1581. *MS. in fol.*

2010 Hist. de Sablé, par Menage. *Par.* 1683. *in fol.*

2011 Armorial des Etats de Languedoc, recueilli & gravé par Beaudeau. *Montpel.* 1686. *in 4. fig.*

2012 Considerat. hist. sur la Généalogie de la Maison de Lorraine, par Chantereau le Febvre. *Par.* 1642. *in fol.*

2013 Hist. généal. de la Maison du Chatelet, Branche puînée de la Maison de Lorraine, par Dom Calmet. *Nancy* 1741. *in fol. fig.*

2014 Annales généal. de la Maison de Lynden, par Butkens. *Anv.* 1626. *in fol. fig.*

XIII. *Antiquités , comprenant les Rites , Usages & Coutumes des Anciens ; & les anciens Monumens , Inscriptions , Médailles, &c.*

2015 Casalius de profanis & sacris veteribus Ritibus. *Ffurti* 1681. *in* 4. *fig.*   3 . 6 .

2016 Historia Deorum Fatidicorum, Vatum, Sibyllarum , Phœbadum, apud Priscos illustrium ; cum præfixa Dissert. de Divinatione & Oraculis. *Francof.* 1680. *in* 4. *fig.*   6 . „

2017 Dissertation sur les Oracles des Sibylles , par Crasset. *Par.* 1684. *in* 12.   2 . 5 .

2018 Réponse à l'Hist. des Oracles de M. de Fontenelle, par Baltus. *Strasb.* 1709. 2. *v. in* 8.   6 . 12 .

2019 Brouerius de Adorationibus Veterum ac Recentiorum. *Amst.* 1713. *in* 8.   2 . 12 .

2020 Ferrarius de Re Vestiaria : 3ᵃ. edit. auctior. *Patavii* 1685. *in* 4. *fig.*   2 . „

2021 Pignorius de Servis, & eorum apud Veteres ministeriis. *Amst.* 1674. *in* 12. *fig.*   1 . 16 .

2022 Tomasinus de Tesseris Hospitalitatis. *Amstel.* 1670. *fig.* . . . . . Ejudem Titus Livius Patavinus. *Ibid. in* 12. *fig.*   2 . 1 .

2023 Stuckii Antiquitates Conviviales. *Tiguri* 1582. *in fol.*   1 . 4 .

2024 Brissonius & Hotmanus de veteri Ritu Nuptiarum, & Jure Connubiorum. *Lugd. B.* 1641. *in* 12.   1 . „

2025 Kempius de Osculis. *Ffurti* 1680. *in* 4.   8 . „

2026 Hist. du Commerce & de la Navigation des Anciens, (par M. Huet.) *Par.* 1716. *in* 12. *mar.*   3 . „

2027 Schefferus de Re Vehiculari Veterum. *Ffurti* 1671. *in* 4.   1 . 17 .

main, par Bergier : nouv. édit. avec des Cartes & des Fig. *Brux.* 1728. 2. *v. in* 4.

2045 Figrelius de Statuis illuſtrium Romanorum. *Holmiæ* 1656. *in* 8.   15.

2046 Diſcours ſur les Médailles , par le Pois. *Paris* 1579. *in* 4. *fig.*   6 . 19.

2047 Introd. à la connoiſſance des Médailles , par Ch. Patin. *Holl.* 1667. *in* 12.   1 . 2.

2048 Science des Médailles , par Jobert. *Amſterd.* 1693. *in* 12.   10.

2049 Promptuaire des Médailles. *Lyon* 1553. *in* 4. *fig. mar.*   1 .

2050 Occonis Numiſmata , illuſtrata notis & addi-tamentis per Mediobarbum Biragum. *Mediolani* 1683. *in fol. fig.*   18 . 19.

2051 Car. Patini Numiſmata Impp. Rom. *Amſt.* 1697. *in fol. fig.*   7 . 19.

2052 Vaillant Numiſmata Impp. Rom. præſtantio-ra. *Par.* 1692. 2. *tom. en* 1. *v. in* 4.   4 .

2053 Oiſelii Theſaurus ſelectorum Numiſmatum an-tiquorum. *Amſt.* 1677. *in* 4. *fig.*   5 .

2054 Le Grand Cabinet Romain, ou Recueil d'An-tiquités Rom. avec les explic. de de la Chauſſe. *Amſt.* 1706. *in fol. fig.*   7 .

2055 Leonardi Auguſtini Gemmæ & Sculpturæ an-tiquæ enarratæ , ex Ital. Latinè per Gronovium. *Franc.* 1694. 2. *tom. en* 1. *v. in* 4. *fig.*   5 .

2056 Cuperi Harpocrates , ſeu Explicatio Imagun-culæ antiquæ ſub Harpocratis figura, &c. *Amſt.* 1676. *in* 8. *fig.*   1 . 10.

2057 Explic. de divers Monumens qui ont rapport à la Religion des plus anciens Peuples ; (par D. Jacq. Martin.) *Par.* 1739. *in* 4. *fig.*   10 .

2058 Cabinet de la Bibliothéque de Sainte Gene-viéve , par du Molinet. *Par.* 1692. *in fol. fig. G. P.*   21 . 19.

XIV. *Histoire Littéraie.*

Histoire des Lettres, des Langues, des Sciences, & des Arts.

2. 5. 2059 Trésor de l'Hist. des Langues de l'Univers, par Duret. *Yverdon* 1619. *in* 4.

2. 6. 2060 Recherches fur la diverfité des Langues & des Religions, trad. de l'Anglois de Brerewood par de la Montagne. *Saumur* 1662. *in* 8.

12. 2061 Polydorus Vergilius de Rerum Inventoribus, & de Prodigiis. *Lugd. B.* 1644. *in* 12.

2062 Panciroli Res memorabiles deperditæ, & recens inventæ; cum comment. Henr. Salmuth. *Ffurti* 1660. *in* 4.

1. 18. 2062 * Agrippa de l'incertitude, vanité & abus des Sciences, trad. du Lat. 1603. *in* 12.

1. 2063 Miroir des Arts & des Sciences, trad. de l'Ital. de Fioravanti par Chappuys. *Par.* 1586. *in* 8.

1. 2064 Hornii Arca Mofis, five Hiftoria Mundi, quæ complectitur primordia rerum naturalium & omnium Scientiarum & Artium. *Lugd. B.* 1668. *in* 12.

6. 2065 Mém. Conférences & Obfervat. fur les Arts & les Sciences, par J. B. Denis : 2. édit. augmentée d'un Difcours fur l'Aftrologie Judiciaire & les Horofcopes. *Par.* 1682. *in* 4.

6. 2066 Effais fur l'Hift. des Belles-Lettres, des Sciences & des Arts, par M. Juvenel de Carlencas. *Lyon* 1740. & 44. 2. *v. in* 12.

10. 2067 Hift. du Droit Romain. *Par.* 1678. *in* 12.

11. 19. 2068 Hiftoire critique de la Philofophie, par M. D. (Deflandes.) *Amft.* 1737. 3. *v. in* 8.

6. 19. 2069 Hiftoire de la Philofophie Payenne, (par M. Pouilly de Burigny.) *La Haye* 1724. 2. *v. in* 12.

2070

2070 Neandri Medicinæ Natalitia, Sectæ, earumque Placita. *Brema* 1623. *in* 4.   4 . 5 .

2071 Essais de Médecine, où il est traité de l'Hist. de la Médecine & des Médecins; par Bernier. *Paris* 1689. *in* 4.   1 . 4 .

2071 * La même Hist. de la Médecine, de Bernier. *Par.* 1695. *in* 4.   2 . 2 .

2072 Histoire de la Médecine, par Dan. le Clerc. *Amst.* 1702. 2. *tom. en* 1. *v. in* 4.   5 . 1 .

2073 Hist. de la Médecine, depuis Galien jusqu'au seiziéme siécle, trad. de l'Anglois de J. Freind. *Par.* 1728. *in* 4.   5 . 1 .

2074 Hist. de la Musique, (par Bonnet.) *Amsterd.* 1725. 2. *v. in* 12.   6 . 5 .

2075 Hist. de la Poësie Franç. par Mervesin. *Par.* 1706. *in* 12.   1 . 19 .

2076 Hist. du Théatre François, (par MM. Parfait.) *Par.* 1734. *& suiv.* 14. *v. in* 12.   30 . "

2077 Recherches sur les Théatres de France, par M. Godard de Beauchamps. *Par.* 1735 . 3. *v. in* 8.   5 . "

2078 Réflex. hist. & critiq. sur les différens Théatres de l'Europe, par L. Riccoboni. *Par.* 1738. *in* 8.   5 . 4 .

2079 Mém. pour l'Hist. des Spectacles de la Foire. *Par.* 1743. 2. *v. in* 12.   6 . "

2080 Traité de l'origine des Romans, par M. Huet. *Par.* 1685. *in* 12.   1 . 2 .

2081 De l'Usage des Romans, avec une Bibliot. des Romans. *Amst.* 1734. 2. *v. in* 12.   6 . 11 .

2082 Hist. des Arts qui ont rapport au Dessein, par Monier. *Par.* 1698. *in* 12.   " . 17 .

2083 Junius de Pictura Veterum. *Roterod.* 1694. *in fol.*   6 . "

2084 Mentelius de vera Typographiæ origine. *Par.* 1650. *in* 4.   2 . "

2085 Origine de l'Imprimerie de Paris, par Chevillier. *Par.* 1694. *in* 4.   6 . 10 .

S

8 . 4 . 2086 Hift. de l'Imprimerie & de la Librairie, par R. de la Caille. *Par.* 1689. *in* 4. *mar.*

Hiftoire des Académies, Univerfités, Colléges, & Sociétés de Gens de Lettres.

25 . 15 . 2087 Bulæi Hift. Univerfitatis Parifienfis. *Par.* 1665. *& fuiv.* 6. *v. in fol.*

4 . 6 . 2088 Launoii Academia Parif. illuftrata, feu Hift. Collegii Regii Navarræ. *Par.* 1682. 2. *v. in* 4.

'' 10 . 2089 Hift. de l'Académie Franç. par Pelliffon. *Par.* le Petit, 1672. *in* 12.

5 . 4 . 2090 Hift. de l'Acad. Franç. par Pelliffon ; conti-nuée par M. l'Abbé d'Olivet. *Par.* 1729. 2. *tom.* en 1. *v. in* 4.

155 . '' 2091 Hift. & Mém. de l'Acad. des Infcriptions & Belles-Lettres. *Par. Impr. R. & fuiv.* 15. *v. in* 4. *fig.*

690 . '' 2092 Recueil de l'Hift. & des Mém. de l'Acad. des Sciences, depuis fon établiffement en 1666. & depuis fon renouvellement en 1699. jufq. 1744. incl. avec les Tables, & le Recueil des Machines approuvées par l'Acad. *Par.* 71. *v. in* 4. *fig.*

Bibliographie, ou Hiftoire & Defcription des Livres & des Bibliotheques.

1 . 17 . 2093 J. Lomeierus de Bibliothecis : edit. 2ª. *Ultraj.* 1680. *in* 8.

2 . '' 2094 Traité des plus belles Bibliothéques, par le Gallois. *Par.* 1680. *in* 12.

2 . '' 2095 Gefneri Bibliotheca univerfalis. *Tiguri* 1545. *in fol.*

4 . '' 2096 Hallervordii Bibliotheca curiofa, in qua rarif-fimi & paucis cogniti Scriptores indicantur. *Ffur-ti* 1676. *in* 4.

2 . '' 2097 Fabricii Bibliotheca Latina. *Londini* 1703. *in* 8.

2098 Bibliothéque Françoise, de Grudé de la Croix-
du-Maine. *Par.* 1584. *in fol.*

2099 Bibliothéque Françoise, de du Verdier; avec
le Supplément Latin de Gesner. *Lyon* 1585. *in
fol.* } 48. ,,

2100 Bibliothéque Françoise, par Sorel: 2e. édit.
Par. 1667. *in* 12. ,, 14.

2101 Bibliothéque Françoise, ou Hist. de la Litté-
rature Françoise, par l'Abbé Goujet. *Par.* 1740.
& *suiv.* 8. *v. in* 12. 16. 19.

2102 Witte Diarium Biographicum, in quo Scrip-
tores seculi XVII. recensentur. *Gedani* 1688. 2.
tom. en 1. *v. in* 4. 10. ,,

2103 Pope-Blount Censura celebriorum Authorum.
Geneva 1694. *in* 4. 3. ,,

2104 Jugemens des Sçavans sur les Ouvrages des
Auteurs, par Baillet. *Par.* 1685. & *suiv.* 13. *v.*
in 12.

2105 Anti-Baillet, ou Critique des Jugemens des
Sçavans, par Menage. *La Haye* 1690. 2. *v. in*
12. } 18. ,,

2106 Réflex. sur les Jugemens des Sçavans de Bail-
let, (par Boschet.) *La Haye* 1691. *in* 12.

2107 Colomesii Opuscula. *Amst.* 1700. *in* 12.
2108 Nouvelle Bibliothéque choisie, (par Barrat.)
Amst. 1714. 2. *v. in* 12. } 3. 19.

2109 Journal des Sçavans, depuis 1665. jusqu'en
1734. incl. *Holl.* 109. *v. in* 12. 108. ,,

2110 Nouvelles de la République des Lettres, de-
puis Mars 1584. jusq. Avril 1689. incl. par Bay-
le. *Amst.* 15. *v. in* 12. 7. 12.

2111 Bibliothéque universelle & historique, depuis
1686. jusq. 1693. par le Clerc ; avec les Tables.
Amst. 26. *v. in* 12.

2112 Bibliothéque choisie, pour servir de suite à la
Bibliothéque universelle, depuis 1703. jusqu'en
1713. incluf. par le même le Clerc ; avec les Ta- } 90. ,,

bles. *Amſterdam. 29. volumes in 12.*

2113 Bibliothéque ancienne & moderne, depuis 1714. juſq. 1722. incluſ. par le même le Clerc, avec les Tables. *La Haye.* 30. *v. in* 12.

24.   „   2114 Hiſt. des Ouvrages des Sçavans, depuis Septembre 1687. juſq. Juin 1709. incl par Baſnage de Bauval. *Rotterd.* 20. *v. in* 12.

33.   „   2115 Mém. pour l'Hiſt. des Sciences & des Beaux Arts, (ou Journal de Trévoux,) depuis Janvier 1701. juſq. Décemb. 1704. incl. 2e. édit. augmentée. *Amſt.* 8. *v. in* 8.

2116 Le même Journal de Trévoux, depuis Janvier 1734. juſques Décembre 1739. incl. *Par.* 25. *v. in* 12.

2.   1.   2117 Bibliothéque curieuſe & inſtructive de divers Ouvrages anciens & modernes de Littérature & des Arts;) par Meneſtrier.) *Trévoux* 1704. 2. *tom. en* 1. *v. in* 12.

18. 10.   2118 Hiſt. critiq. de la Répub. des Lettres. *Utrecht* 1712. *& ſuiv.* 15. *v. in* 12.

19. 12.   2119 Journal Littéraire, depuis Mai 1713. juſq. 1735. incl. *La Haye.* 22. *v. in* 8.

7.   „   2120 Nouvelles Litteraires, depuis Janvier 1715. juſq. Juin 1720. incl. *La Haye.* 11. *v. in* 8.

16. 19.   2121 L'Europe Sçavante, depuis Janvier 1718. juſqu'en 1720. incl. *La Haye.* 12. *v. in* 8.

17. 1.   2122 Bibliothéque Angloiſe, par M. D. L. R. (Mie. de la Roche,) Armand de la Chapelle, & autres. *Amſt.* 1717. *& ſuiv.* 15. *v. in* 12.

19. 4.   2123 Mém. Littéraires de la Grande Bretagne, par Mic. de la Roche. *La Haye* 1720. *&* 24. 16. *tom. en* 8. *v. in* 12.

17. 1.   2124 Bibliothéque Britanniq. depuis Avril 1733. juſq. Mars 1738. incl. *La Haye.* 11. *v. in* 8.

6. 1.   2125 Mém. de Littérature, (par de Sallengre.) *La Haye* 1715. *&* 1717. 2. *v. in* 8.

14.   „   2126 Continuat. des Mém. de Littérature & d'Hiſ-

toire,) par le P. des Molets.) *Par.* 1730. *& fuiv.* 11. *v. in* 12.

2127 Bibliothéque Germanique, dep. Juillet 1720. jufq. 1739. incl. *Amft.* 46. *tom. en* 23. *v. in* 8.   25 . 4.

2128 Mémoires hiftoriques & critiq. *Amft.* 1722. 4. *v. in* 8.   6 . 12.

2129 Bibliothéque Italique, depuis Janvier 1728. jufq. 1732. incl. *Geneve.* 18. *tom. en* 9. *v. in* 8.   9 . 12.

2130 Bibliothéque Raifonnée, depuis Juillet 1728. jufq. Juin 1738. incl. *Amft.* 20. *v. in* 8.

2131 De la même , les mois de Janvier, Février & Mars 1738. féparément. *In* 8. *br.*   22 . 16.

2132 Le Nouvellifte du Parnaffe. *Par.* 1731. 3. *v. in* 12.   7 . ''

2133 Obfervations fur les Ecrits modernes. *Par.* 1735. *& fuiv.* 19. *v. in* 12.   24 . ''

2134 Réflexions fur les Ouvrages de Littérature , (par MM. de la Bloutierre, Bointel, & autres.) *Par.* 1736. *& fuiv.* 9. *v. in* 12. *manq. le tome* 2e.   15 . 1.

2135 Critique défintéreffée des Journaux Littéraires & des Ouvrages des Sçavans, depuis Janvier juf- qu'à Septembre 1730. incl. *La Haye* 1730. 2. *v. in* 8.   4 . 1.

2136 Hiftoire critique des Journaux, par Camufat. *Amft.* 1734. 2. *tom. en* 1. *v. in* 12.   9 . 1.

2137 Bibliothéque Belgique, depuis Juillet 1731. jufq. Avril 1732. incl. *Leide.* 2. *v. in* 12.   9 . 19.

2138 Le Pour & Contre, Ouvrage périodique, par l'Abbé Prevoft. *Par.* 1733. *& fuiv.* 16. *v. in* 12.   25 . 7.

2139 Bibliothéque Françoife, ou Hift. Littéraire de la France. *Amft.* 1735. *& fuiv.* 28. *v. in* 8.   30 . ''

2140 Nouvelle Bibliothéque, ou Hift. littéraire des principaux Ecrits qui fe publient, depuis Octob. 1738. jufq. Mars 1740. *La Haye.* 5. *v. in* 12.   5 . ''

2141 Cave Hift. Scriptorum Ecclefiafticorum. *Geneva* 1705. *in fol.*   9 . 1.

2142 Bibliothéque des Auteurs Ecclésiastiques des XVI. premiers siécles de l'Eglise, par du Pin, *Amst.* 1701. *& suiv.* 8. *v. in* 4.

2143 Dissertation critiq. sur la Biblioth. Ecclef. de du Pin, par Jean Reuchlin (Rich. Simon.) *Francfort* 1688....... Apol. pour l'Auteur de l'Hist. critiq. du V. T. contre le Pere le Vassor. *Rotterd.* 1689. *in* 12.

2144 Bibliothéque des Auteurs de France, Livre I. contenant la Bibliot. Chartraine, par Liron. *Par.* 1719. *in* 4.

2145 Hist. littéraire de Lyon, par le P. de Colonia. *Lyon* 1728. *in* 4. *G. P. fig.*

2146 Jac. le Long Bibliotheca Sacra, cum notis & addit. Boërneri. *Antverp.* 1709. 2. *v. in* 8.

2147 Index Librorum prohibitorum, juffu Clementis X. editus. *Roma* 1670. *in* 8.

2148 Dan. Franci Difquifitio de Papiftarum Indicibus Librorum prohibit. & expurgandorum. *Lipfiæ* 1684..... Henr. Vogleri Introd. in notitiam bonorum Scriptorum cujufcunque generis. *Helmeft.* 1670. *in* 4.

2149 Jac. Boileau de Librorum Theolog. Approbatione. *Antverp.* 1708. *in* 12.

2150 Arpe Theatrum Fati, five notitia Scriptorum de Providentia, Fortuna & Fato. *Roterod.* 1712. *in* 8.

2151 Vander Linden de Scriptis Medicis; continuatus à Mercklino. *Norimb.* 1686. *in* 4.

2152 Borellii Bibliotheca Chimica, feu Catalogus Librorum Hermeticorum. *Par.* 1654. *in* 12.

2153 Catalogue de Livres d'Eftampes & de Figures en Taille-douce, par de Marolles. *Par.* 1666. *in* 8.

2154 Bibliot. des Théatres, (par Maupoint.) *Par.* 1733. *in* 8.

2155 Des anciens & principaux Hiftoriens Grecs &

Latins, par de la Mothe-le-Vayer. *Par.* 1646. *in* 4.

2156 Bibliothéque des Auteurs de l'Hift. de France, par du Chefne. *Par.* 1627. *in* 8.   "   10.

2157 Bibliothéque hift. de la France, par le Long. *Par.* 1719. 2. *v. in fol.* G. P.   17.   "

2158 Teifferii Catalogus Auctorum, qui Librorum Catalogos, Bibliothecas, & Virorum Litterorum Vitas fcripferunt; cum Labbæi Bibliotheca Nummaria. *Geneva* 1686. *in* 4.   2.   10.

2159 Draudii Bibliotheca Claffica. *Ffurti* 1625. *in* 4.   "   19.

2160 Bibliotheca Bigotiana. *Par.* 1706. *in* 12.   1.   14.

2161 Bibliotheca Colbertina. *Par.* 1728. 3. *v. in* 12.   9.   "

2162 Catalogue des Livres de M. le Blanc. *Par.* 1729. *in* 8.

2163 Mufæum felectum D. Brochard, cum Indice. *Par.* 1729. *in* 8.   4.   "

2164 Bibliotheca Lambertina, cum Indice. *Par.* 1730. *in* 8.   1.   19.

2165 Catal. des Livres de M. Ferrary. *Par.* 1730. *in* 8.

2166 Bibliotheca Turgotiana. *Par.* 1730. *in* 12.   1.   "

2167 Catalog. des Livres de M. Imbert de Cangé. *Par.* 1733. *in* 12.   9.   1.

2168 Catal. des Livres de l'Abbé de Longuerue, avec une Table...... Catalogue de M. Linguet....... Catal. de M. B. D. M. *In* 12.   1.   "

2169 Catal. des Livres de M. de Caumartin Evêque de Blois.. *Par.* 1734. *in* 12.   "   19.

2170 Catal. des Livres de M. Bourret. *Par.* 1735. *in* 12.   1.   4.

2171 Catalog. Librorum Comitis de Hoym, cum Indice. *Par.* 1738. *in* 8.   5.   1.

2172 Bibliotheca Librorum Marq. Gudii. *Hamb.* 1706. *in* 4.   1.   4.

2173 Bibliothéque des Livres nouveaux, Juillet 1726. *Basle, in 8. br.*

XV. *Vies des Personnages illustres.*

Vies des illustres Personnages anciens & modernes.

2174 Vies & Œuvres de Plutarque, traduites par Amyot. *Par. Vascosan. 13. tom. en 19. v. in 8.*

4. 1. 2175 Les mêmes. *Par. 1622. 2. tom. en 3. v. in 8.*

5. 1. 2176 Cornel. Nepos, cum notis Varior. *Lugd. B. 1675. in 8.*

9. 9. 2177 Cornelius Nepos, ex recognitione Step. And. Philippe; cum Indice. *Par. 1745. in 12.*

14. 19. 2178 Philostrate de la Vie d'Apollone de Thyane, trad. par de Vigenere; avec les comment. d'Artus Thomas Sieur d'Embry. *Par. 1611. in 4.*

1. 14. 2179 Vite degl'Imperadori & Pontefici Rom. di Fr. Petrarcha. *Geneva 1625. in 4.*

2180 Boccaccio de i Casi de gli Huomini illustri, trad. & ampliato da Betussi. *Vinegia 1551. in 8.*

4. ″ 2181 Jovii Vitæ Virorum illustrium. *Basil. 1578. 4. tom. en 3. v. in fol. fig.*

9. 1. 2182 Prosopographie, ou Description des Hommes illustres, par du Verdier. *Lyon 1605. 3. v. in fol.*

7. 12. 2183 Principum & illustrium Virorum veræ Imagines. *Lugd. B. in fol.*

19. 1. 2184 Mém. de Brantome des Vies des Hommes & Dames illustres de son temps; avec ses Anecdotes sur les Duels. *Leide 1692. 10. v. in 12.*

2. 11. 2185 Les Capitaines François, du même. *Leide 1666. 4. v. in 12.*

1. ″ 2186 Ritratti & Elogii di Capitani illustri. *Roma 1635. in 4. fig.*

″ 12. 2187 Li medesimi. *Roma 1647. in 4. fig.*

9. ″ 2187* Hist. des plus illustres Favoris, par Dupuy; avec

avec le Journal de la mort du M. d'Ancre. *Leide,* *Elfevir,* 1659. *in* 4.

2188 Mém. de M. de Beauvais-Nangis, ou Hift. des Favoris François. *Par* 1665. *in* 12.   2. 6.

2189 Les Impofteurs infignes, par de Rocoles. *Bruxel.* 1728. 2. *v. in* 8. *fig.*   7. 10.

2190 Portraits des Hommes illuftres Franç. peints dans la Gallerie du Palais Royal; avec l'abrégé de leurs Vies ; par de Vulfon de la Colombiere. *Par.* 1650. *grand in fol.*   3. "

2191 Les Hommes illuftres qui ont paru en France pendant ce fiécle, par Perrault. *Par.* 1696. 2. *v. in fol. fig.*   25. "

2192 Bocace des nobles & cleres Dames, trad. du Latin. *Par.* 1538. *in* 8.   5. "

2193 Boccaccio delle Donne illuftri, trad. & ampliato da Giufeppe Betuffi; con la Vita del Boccaccio. *Vinegia* 1558. *in* 8.   1. 17.

2194 Mém. de la Vie de Louife Juliane Electrice Palatine, née Princeffe d'Orange. *Leyde* 1645. *in* 4.   12.

Vies & Eloges des Hommes illuftres dans les Sciences & dans les Arts, anciens & modernes.

2195 Diogenès Laërtius de Vitis Philofophorum, Gr. Lat. cum notis Cafauboni. *Apud H. Steph.* 1593. *in* 8.   1. 1.

2196 Diogenes Laërtius de Vitis Philofophorum, Gr. Lat. cum notis & addit. Menagii. *Amftel.* 1692. 2. *v. in* 4. *fig.*   29. ...

2197 Diogenes Laërtius de Vitis Philofophorum, Latinè. *Par.* 1560. *in* 16.

2198 Diogene Laërtien des Vies des Philofophes, trad. par de Fougerolles. *Lyon* 1602. *in* 8.   1. "

2199 Eunapius de Vitis Philofophorum, Gr. Lat. *Geneva* 1616 *in* 8.   10.

1 . 9 . 2200 Hift. des fept Sages, par de Larrey. *Rotter.* 1713. *in* 8.

1 . 10 . 2201 Abregé des Vies des anciens Philofophes; par M. D. F. (de Fenelon.) *Par.* 1726. *in* 12.

4 . 19 . 2202 Comparaifons des grands Hommes de l'Antiquité, qui ont le plus excellé dans les Belles-Lertres ; par Rapin. *Par.* 1684. *in* 4.

10 . 1 . { 2203 Hift. de Ciceron, trad. de l'Anglois de Middleton par l'Abbé Prevoft. *Par.* 1743. 4. *v. in* 12.

2204 Lettres de Ciceron à Brutus, trad. avec des notes par le même Prevoft : pour fervir de fupplément à l'Hift. de Ciceron. *Ibid. in* 12.

2 . „ 2205 Vies des Poëtes Grecs, par le Févre. *Par.* 1665. *in* 12.

3 . „ 2206 Vies des Poëtes Provençaux, par Jean de Noftredame. *Lyon* 1575. *in* 8.

5 . 19 . 2207 Eloges des Hommes fçavans, tirés de l'Hift. de M. de Thou, par Teiffier. *Leide* 1715. 4. *v. in* 8.

2 . 10 . 2208 Mém. concernant les Vies & les Ouvrages de plufieurs Modernes célébres dans les Lettres, par Ancillon. *Amft.* 1709. *in* 12.

50 . 10 . 2209 Mém. pour fervir à l'Hift. des Hommes illuftres dans la Républ. des Lettres, par Niceron. *Par.* 1727. *& fuiv.* 42. *v. in* 12.

2 . 10 . 2210 Effais fur les Honneurs & fur les Monumens accordés aux illuftres Sçavans, par M. Titon du Tillet. *Par.* 1734. *in* 12.

3 . 10 . 2211 Vie d'Abeillard & d'Heloife, (par Gervaife.) *Par.* 1720. 2. *v. in* 12.

1 . „ 2212 Vie de Richer, par Baillet. *Liege* 1714. *in* 8.

1 . „ 2213 Vie du P. Paul (Sarpi,) trad. de l'Ital. (de Frere Fulgence.) *Leyde, Elzevir,* 1661. *in* 12.

3 . 4 . 2214 Vie & Sentimens de Lucilio Vanini, (par Durand.) *Rotterd.* 1717. *in* 12.

2215 Vie de Descartes, par Baillet. *Par.* 1691. *in 4.*   4. „

2216 Hist. de la Vie & des Ouvrages d'Ant. Arnauld. *Col.* 1695. *in 12.*   2. „

2217 Vie de M. de Saint-Evremond, par des Maizeaux. *La Haye* 1711. *in 12.*   „ 18.

2218 Vie de l'Abbé de Choisy. *Lausanne* 1748. *in 8.*   2. 9.

2219 Mém. sur la Vie de Jean Racine, avec ses Letres; par M. Racine le fils. *Lausanne* 1747. 2. *v. in 12.*   6. „

2220 Hist. de la Vie & des Ouvrages de M. de Fenelon, (par Ramsay.) *Amst.* 1727. *in 12.*   2. „

2221 Académie des Sciences & des Arts, ou les Hommes illustres dans ces Professions, par Bullart. *Brux.* 1695. 2. *v. in fol. fig.*   15. „

2222 Entretiens sur les Vies & les Ouvrages des Peintres, par André Felibien. *Par.* 1685. 2. *v. in 4.*   avec le N.° 2229   7. 15.

2223 Les mêmes; avec la Vie des Architectes; & la Description des Maisons de campagne de Pline, & de celle des Invalides; par MM. Felibien. *Trévoux* 1725. 6. *v. in 12. fig.*   8. „

2224 Abrégé de la Vie des Peintres, par de Piles. *Par.* 1699. *in 12.*   2. 10.

2225 Abrégé de la Vie des plus fameux Peintres, (par M. Dezallier d'Argenville;) avec leurs Portraits. *Par.* 1745. 2. *v. in 4.*   18. 5.

2226 Noms des Peintres les plus célébres. *Par.* 1679. *in 12.*   „ „

2227 Maraviglie dell'Arte, overo Vite de' Pittori Veneti, da Ridolfi. *Venet.* 1648. 2. *tom. en* 1. *v. in 4.*   2. „

2228 Vie de P. Mignard, premier Peintre du Roi, par l'Abbé de Monville. *Par.* 1730. *in 12.*   „ „

2229 Recueil de la Vie & des Ouvrages des plus   V. avec le n.° 2222.

célébres Architectes , par Felibien des Avaux.
Par. 1687. *in* 4.

XVI. *Extraits & Dictionnaires Historiques.*

4 . 4 . 2230 Diverses Leçons de Messie, trad. de l'Esp.
par Gruget ; avec celles de du Verdier. *Tournon*
1604. 2. *v. in* 8.

3 . 1 . {2231 Trésor de diverses Leçons, en Esp. & en Fr.
par de Salazar. *Par.* 1637. *in* 8.
2232 Bonifacii Historia ludicra. *Brux.* 1656. *in* 4.

2 . „ 2233 Mém. historiq. politiq. & littéraires d'Amelot
de la Houssaie. *Amst.* 1722. 2. *v. in* 12.

50 . „ 2234 Hofmanni Lexicon Historicum. *Lugd. Batav.*
1698. 4. *v. in fol.*

63 . 5 . {2235 Dictionnaire Historiq. de Moréri. *Par.* 1712.
5. *v. in fol.*
2236 Supplément du Dictionnaire de Moreri, (par
l'Abbé Goujet.) *Par.* 1735. 2. *v. in fol.*

„ 10 . 2237 Lettres sur le Moreri de 1707. *In* 12.

160 . „ 2238 Dictionnaire Historique & Critiq. de Bayle.
Roterd. 1720. 4. *v. in fol.*

3 . 2 . 2239 Examen critiq. des Ouvrages de Bayle; avec
les Entretiens sur la Raison. *Amst.* 1747. 2. v.
in 12.

LIVRES DE MUSIQUE.

2240 PHAETON, Tragédie en Musique de Lully. *Gravé in fol.*

2241 Roland, Trag. en Musique, de Lully. *Gravé in fol.*

2242 Isis, Tragedie en Musique, de Lully. *Impr. in fol.*

2243 Festes de l'Amour & de Bacchus, Opera de Lully. *MS. in 4. obl.*

2244 Thetis & Pelée, Tr. en Musiq. de Collasse. *Impr. in fol.*

2245 Le Carnaval de Venise, Ballet de Campra. *Impr. in 4. obl.*

2246 Les Jeux Pythiens, Ballet en Musique. *MS. in 4. obl.*

2247 Motets de Campra, en 3. livres. *Impr. in fol.*

2248 Cantates Françoises de Campra : livre 2e. *Impr. in 4. obl.*

2249 Cantat. Françoises de Clerambault : livre I. *Gravé in fol.*

2250 Airs de M. de Bouffet : en 5. recueils. *Gravé in 4. obl.*

2251 Piéces de Viole de M. de Caix d'Hervelois : en 2. livres. *Gravé 3. v. in 4. obl.*

2252 Piéces de Viole de M. Colignon. *MS. in 4. obl. mar.*

2253 Sonates de Senaillé le fils : en 3. livres. *Gravé in fol.*

2254 Sonate di Michele Mascioti : opera quinta. *Gravé in fol.*

2255 Sonate da Camera, del medesimo: opera 2.ª
& 3.ª. *Gravé in fol. obl.*

2256 Trio pour les Violons, Flutes & Hautbois,
par de la Barre: en 3. livres. *Impr.*...... Sonates
en Trio d'Hotteterre. *Gravé in 4. obl.*

2256 * Piéces à deux Flutes Traverſieres, de la
Barre & d'Hottetere. *Gravé in 4. obl.*

2257 Liaſſe de Piéces & Parties ſéparées de Muſique
Vocale & Inſtrumentale.

SUPPLEMENT
AU CATALOGUE.

THEOLOGIE.

2258 BIBLIA Lat. cum glossa ordinaria Nic. de Lyra. *Basil.* 1508. 7. *v. in fol.*	6.	„
2259 N. Testamentum Gr. *Par. è Typog. R.* 1642. *in fol.*	10.	„
2260 N. Testamentum Lat. *Colon.* 1679. *in* 24.	9.	„
2261 N. Testamentum Latinum. *Bruxel.* 1704. *in* 24.	2.	„
2262 Bible Historiée, en François. *Lyon* 1531. *in fol.*	1.	„
2263 Jansenius Gand. in Psalmos. *Lovan.* 1692. *in* 4.		
2264 Bolducius in Job. *Par.* 1637. 2. *v. in fol.*	1.	„
2265 Del-Rio in Lamentationes Jeremiæ. *Lugd.* 1607. *in* 4.	„ 14.	
2266 De Tufo in Ecclesiasticum. *Lugd.* 1628. *in fol.*		
2267 Jansenius Iprensis in Evangelia. *Lugd.* 1697. *in* 4.	1. 10.	
2268 Estius in Paulum. *Par.* 1679. 2. *v. in fol.*	19. 16.	
2269 Bernardinus à Piconio in Paulum. *Par.* 1703. *in fol.*	22. 15.	
2270 Marlorati Thesaurus Scripturæ. *Geneva* 1624. *in fol.*	„ 10.	
2271 Les Saintes Ténébres, en vers Franç. avec le	1. 10.	

Latin, & des notes, par de Sainte-Croix Charp.
Par. 1670. *in* 12.

1 . " 2272 Pfalmodie intérieure de l'Office des Morts.
Grenoble 1699. *in* 12.

9 . " 2273 Breviarium Parif. D. J. Fr. de Gondy. *Par.*
1640. *in fol. mar.*

1 . 10 . 2274 Rituale Parif. D. Jo. Franc. de Gondy. *Par.*
1654. *in* 4. *mar.*

8 . 1 . 2275 Rituale Parifienfe D. de Noailles. *Par.* 1697.
in 4.

2 . 15 . 2276 Cæremoniale Parifienfe, juxtà antiquos Ritus
Ecclefiæ Metrop. Parif. editum à Mart. Sonnet.
Par. 1662. *in* 8.

6 . " 2277 Tertulliani Omniloquium alphabeticum, ex
editione Car. Moreau. *Par.* 1658. 3. *v. in fol.*
G. P.

2 . " 2278 S. Cyprianus Rigaltii. *Par.* 1649. *in fol.*

" 10 . 2279 Origenes de recta in Deum Fide; Idem &
Joan. Chryfoft. in Job; Latinè. *Vafcofan.* 1556.
in fol.

10 . " 2280 S. Joannes Chryfoftomus, Latinè. *Bafil. Fro-*
ben, 1539. 5. *v. in fol.*

30 . " 2281 S. Auguftinus , ex edit. Theologorum Lo-
van. cum Supplemento. *Par.* 1651. 9. *v. in fol.*
G. P.

" 10 . 2282 Caffiodori Opera. *Par.* 1589. *in fol.*

4 . " 2283 S. Bernardus, ex edit. Horftii. *Par.* 1658. 2.
v. in fol.

4 . 10 . 2284 Sancti Thomæ Summa. *Par.* 1645. *in fol.*
G. P.

" 10 . 2285 Molina in Thomam. *Lugd.* 1622. *in fol.*

1 . 17 . 2286 Gregorius de Valentia in Thomam. *Lugd.*
1619. 4. *v. in fol.*

6 . " 2287 Yfambertus in Thomam. *Par.* 1643. 6. *v.*
in fol. G. P.

1 . " 2288 Præpofitus in Thomam de Incarnatione, Sa-
cramentis, & Cenfuris. *Duaci* 1629. *in fol.*

2289 Becani Summa Theologiæ Scholasticæ. *Par.* 1658. *in fol.* — 1 . 19 .

2290 Abelly Medulla Theologica. *Par.* 1657. 2. *v. in* 12. — 10 .

2291 Juenin de Sacramentis. *Lugd.* 1696. 2. *v. in fol.* — 7 . 19 .

2292 Lessii Opuscula. *Par.* 1637. *in fol.* — 10 .

2293 Instruction des Prestres, trad. de l'Espagnol de Molina, par Gaultier. *Rouen* 1656. *in* 8. — 10 .

2294 Catechisme de Louis de Grenade, trad. par Colin. *Par.* 1623 *in fol.* — 10 .

2295 Sermons du Carême, du P. de Lingendes. *Par.* 1666. 2. *v. in* 8. — 15 .

2296 Sermons du Pere de la Ruë. 1706. 3. *v. in* 12. *manq. le tom.* 4e. — 1 . 6 .

2297 Sermons de M. Massillon. *Trévoux* 1705. 4. *v. in* 12. — 2 .

2298 Savonarolæ Opera. *Paris.* 1674. 2. *v. in* 12. — 1 . 12 .

2299 Ant. Batt Thesaurus absconditus, in agro Domini inventus. *Par.* 1647. *in* 12. *mar.* — 17 .

2300 Oeuvres chrét. de Puget de la Serre. *Par.* 1647. *in fol.* — 2 . 1 .

2301 Conduite chrétienne, par l'Abbé de la Trappe. *Paris* 1697. *in* 12. *mar.* — 1 . 19 .

2302 Maximes propres pour la Pénitence. *Par.* 1726. *in* 16. — 10 .

2303 Le Directeur spirituel, (par Treuvé.) *Paris* 1703. *in* 12. — 1 .

2304 Bellarminus de Controversiis Fidei ; cum aliis Operibus. *Col.* 1619. 7. *tom. en* 4. *v. in fol.* — 16 .

2305 Rich. Smithei Collatio Doctrinæ Catholicorum ac Protestantium cum expressis S. Scripturæ verbis. *Par.* 1622. *in* 4. — 10 .

2306 Réfutation du Catéchisme du Ministre Ferry, par M. Bossuet. *Metz* 1655. *in* 4. — 14 .

V

6 . 6 . 2307 Inſtitution de la Religion Chrétienne, par Calvin. *Geneve 1562. in 4. ſous la marque de l'Epée flamboyante.*

9 . „ 2308 Calvini Inſtitutiones Chriſt. Religionis, è Gallico Latinè. *Lugd. Bat. 1654. in fol.*

„ 1 0 . 2309 Petri Molinæi Anatome Arminianiſmi. *Lugd. B. 1619. in 4.*

JURISPRUDENCE.

2 . 11 . 2310 **B**AIL Summa Conciliorum. *Par. 1659. 2. v. in fol.*

9 . „ 2311 Abbas Panormitanus in Decretales. *Lugduni 1542. 6. v. in fol.*

1 . „ 2312 Conradus Brunus de Hæreticis , de Seditioſis , de Calumniis , & de univerſ. Concilio. *Mogunt. 1549. in fol.*

4 . 1 . 2313 Bartoli Opera. *Lugd. 1561. 4. v. in fol.*

1 . 4 . { 2314 Briſſonii Lexicon Juris. *Ffurti 1587. in fol.*
2315 Ordonnances des Rois, avec les annotat. de Rebuffe. *Lyon 1571. in fol.*

1 . „ 2316 Code de Louis XIII. par Corbin. *Par. 1628. in fol.*

1 . 10 . { 2317 Molinæus in Conſuetudines Pariſienſes. *Lauſannæ 1576. in fol.*
2318 Tronçon ſur la Coutume de Paris. *Par. 1664. in fol.*

9 . 14 . 2319 Fortin ſur la Coutume de Paris. *Par. 1666. in fol.*

„ 16 . 2320 Commentaires ſur la Coutume de Paris. *MS. in fol.*

1 . „ 2321 Berault ſur la Cout. de Normandie. *Rouen 1632. in fol.*

19 . 19 . 2322 Berault, Godefroy & d'Aviron ſur la même

Coutume. *Rouen* 1684. 2. *v. in fol.*

2323 Dictionnaire Civil & Canonique, par Thaumas. *Par.* 1632. *in fol. G. P.*   3. „

2324 Leges Germanicæ, cum comm. Oftermanni. 1642. *in fol.*   1 : 11.

2325 Ordonnances de Guerre, en Allemand. *Francfort* 1566. *in fol. fig.*   2. 9.

SCIENCES ET ARTS.

2326 ARISTOTELES, Gr. Lat. *Par.* 1654. 4. *v. in fol.*   12. 6.

2327 Senecæ utriufque Opera, cum comment. Diverfor. *Par.* 1619. *in fol.*   18. D. 1. „

2328 Le Sage réfolu contre la Fortune, ou le Petrarque, trad. par de Grenaille. *Lyon* 1673. 2. *v. in* 12.   1. „

2329 De la Sageffe, par Charron. *Par.* 1671. 2. *v. in* 12.   1. „

2330 Science des Perfonnes de la Cour, de l'Epée & de la Robe, par de Chevigny : VIe. édit. augmentée par de Limiers. *Amft.* 1723. 4. *v. in* 12. *fig.*   12. 9.

2331 Bodin de la République. *Lyon* 1579. *in fol.*   1. „

2332 Effai des Merveilles de Nature, & des plus nobles artifices, par François. *Rouen* 1622. *in* 4.

2333 Linand des Eaux de Forges. *Par.* 1697. *in* 8.   } 1. „

2334 Emman. dos Reys Tavares Controverfiæ philofophicæ & medicæ. *Ulyffipone* 1667. *in* 4.   1. „

2335 Oeuvres de Van Helmont, traduites par le   „ 14.

Conte. *Lyon* 1670. *in* 4.

1 . 4 . 2336 Hist. de l'Animal, par Duncan. *Par.* 1687. *in* 8.

1 . 2 . {2337 Anatomie de Geléc. *Lyon* 1686. *in* 8.
{2338 Anatomie pacifique, par Fournier. *Par. in* 4. *fig.*

1 . 17 . {2359 Musica speculativa del Mengoli. *In* 4.
{2360 *Prose di Mascardi in* 4.

BELLES-LETTRES.

" . 16 . 2340 **D**ICTIONARIUM Latino - Gallicum. *Lugd. apud Honoratum.* 1570. *in fol.*

1 . " . 2341 Dictionnaire Royal Franç. Latin, de Pomey. *Lyon* 1677. *in* 4.

" . 10 . 2342 Aphthonii Progymnasmata & Fabulæ, Gr. Lat. *Par.* 1660. *in* 16.

7 . 5 . 2343 Cicero, cum Lambini comment. *Par.* 1566. 4. *v. in fol.*

" . 10 . 2344 Ciceronis Opera selecta : de Officiis, de Senectute, de Amicitia, &c. *Par.* 1725. *in* 12.

" . 10 . {2345 Virgilius Servii. *Geneva* 1636. *in* 4.
{2346 Virgilius. *Par.* 1670. *in* 24.

1 . 4 . 2347 Catonis Disticha, illustrata glossis per Guil. Coeffeteau. *Par.* 1648. *in* 8.

3 . 8 . 2348 Plante Mauritias, hoc est, gestorum Comitis Mauritii Nassovii in Occident. India Descript. poëtica. *Lugd. B.* 1647. *in fol. fig.*

2 . 2 . 2349 Le Brun Virgilius christianus. *Par.* 1661. *in* 8.

2 . 6 . 2350 Oeuvres de P. de Ronsard. *Par.* 1623. 2. v. *in fol.*

1 . 7 . 2351 S. Louis, Poëme du P. le Moyne. *Par.* 1658. *in* 12. *fig.*

4 . 10 . 2352 Théatre de P. & Thomas Corneille. *Rouen &*

Par. 1664. 6. volumes in 8.

2353 Il Cimiterio, Epitafii giocofi, di Loredano e di Michiele. 1645. in 12.　　　　1 . 16 .

2354 Explic. des Fables, par Banier. *Par.* 1715. 3. v. in 12.　　　　2 . 19 .

2355 Généalogie & nobles Faits d'armes de Gode-froy de Boulion & de fes freres Baudouin & Euf-tace. *Par.* 1511. in fol fig.　　　　19 . 19 .

2356 D. Quixote, trad. par de Roffet. *Par.* 1665. 2. v. in 12.　　　　1 . 19 .

2357 Emprefas politicas de Saavedra. *Monaco* 1640. in 4. fig.　　　　1 . 5 .

2358 Camerarii Emblemata. *Mogunt.* 1668. in 8. fig.　　　　1 . ''

2359 Langii Polyanthea. *Lugd.* 1648. in fol.　　　　'' 16 .

2360 Profe di Mafcardi. *Venet.* 1645. in 4.　　　　V. avec le N. 2339.

HISTOIRE.

2361 GEOGRAFIA di Tolomeo, tradot. da Rufcelli. *Venet.* 1574. in 4. fig.　　　　'' 10 .

2361 * Recueil général des Voyages, par l'Abbé Prevoft. *Par.* 1746. & fuiv. 7. v. in 4. fig. avec la foufcription pour les volumes fuiv.　　　　75 . ''

2362 Voyages d'Olearius en Mofcovie, Tartarie & Perfe; & de Mandelflo aux Indes; trad. par de Wicquefort. *Par.* 1659. 2. v. in 4.　　　　1 . 19 .

2363. Hornii Arca Noë, five Hift. Imperior. & Regnorum. *Lugd. B.* 1666. in 12.　　　　1 . ''

2364. Hift. de Paul Jove, trad. par Sauvage. *Par.* 1581. in fol.　　　　2 . ''

2365 Spondani Epitome Annal. Baronii. *Lugduni* 1686. 2. v. in fol.　　　　2 . ''

2366 Abrégé des Annales de Baronius, par Spond.
trad. du Lat. par Coppin. *Par.* 1655. 4. *tom. en*
2. *v. in fol.*

9 . 9. 2367 Annales facrées & ecclefiaftiques, traduites
du Latin de Sponde par Coppin. *Par.* 1659. *in*
fol.

2368 Continuation de Baronius, trad. de Sponde
par le même Coppin. *Par.* 1654. 3. *v. in fol.*

" 10 . 2369 Tornielli Annales facri & profani. *Ffurti* 16m.
in fol.

9 . 5 . 2370 Francifci (de Harlay) Archiepifcopi Ro-
thom. Hiftoria de Rebus Ecclefiæ. *Par.* 1645.
in fol.

9 . 1 . 2371 Vitas Patrum en romance Efpañol. *Sevilla*
1538. *in fol.*

2372 Salluftius, ex edit. Carrionis. *Plantin.* 1579.
in 8.

1 . 10 . 2373 Hift. Romaine, par Coeffeteau. *Par.* 1646.
in fol.

2374 Rome délivrée, ou la Retraite de Coriolan,
par Mafcaron. *Par.* 1646. *in* 4.

5 . 2 . 2375 Hift. de France, par Dupleix. *Par.* 1632.
& fuiv. 5. *v. in fol.*

2376 Sleïdanus de ftatu Religionis & Reipublicæ,
1 . 5 . Carolo V. Cæfare. *In* 8.

2377 Priolus de Rebus Gallicis, ab exceffu Ludo-
vici XIII. *Par.* 1665. *in* 4.

" 11 . 2378 Vertus de M. le Dauphin Duc de Bourgo-
gne, par Martineau. *Par.* 1712. *in* 12.

1 . 1 . 2379 Obras y Relaciones de Perez. 1631. *in* 8.
2380 Miltoni Defenfio pro Populo Angl. contra
Salmafii Defenfionem Regiam. *Lond.* 1651. *in*
fol.

1 . 8 . 2381 Ludov. de Gand Parallelum Olivæ necnon
Olivarii Protectoris Angliæ. *Lond.* 1656. *in fol.*
fig.

2382 Vie de Jacques II. Roi d'Angleterre, par   1 .   "
Bretonneau. *Par. Impr. R.* 1703. *in* 12.

2383 Les Capitaines François , de Brantome. 3. *v.*   1 .   "
in 12. *manq. le* 1ᵉ.

2384 Dictionnaire historique , poëtique, &c. par   1 . 5.
de Juigné. *Par.* 1672. *in* 4.

2385 Dictionnaire de Moreri , avec le Supplément.   15 .   "
Lyon 1681. *& Par.* 1689. 3. *v. in fol. G. P.*

2386 Le même : nouv. édit. avec le Supplem. *Amſ.*   27 . 12.
1698. *& Par.* 1714. 5. *tom. en* 3. *v. in fol.*

2387 Dictionnaire de Bayle , avec le Supplement.   48 .   "
Rotterd. 1697. *& Geneve* 1722. 5. *v. in fol.*

Fin du Catalogue.